Turbine seu cérebro

Plano gradual em 15 semanas

SEMANA 3

Um desafio para a mente

Será que faço o suficiente para cuidar do meu cérebro? O cérebro é uma máquina que funciona de maneira global. Quando calculamos, memorizamos ou simplesmente organizamos nossa agenda, nossas habilidades mentais interagem entre si. Por esse motivo, e do mesmo jeito que numa série de ginástica exercitamos nossos músculos para alcançar uma boa forma física, nossas habilidades mentais podem ser exercitadas mediante a realização de jogos divertidos. Além do mais, com os pequenos conselhos que são oferecidos nestas páginas, abriremos caminho para a criação de novos hábitos saudáveis para nossa mente.

1 Durante quinze semanas, exercitaremos nossa mente, dedicando atenção especial a cada um dos seguintes âmbitos: compreensão, imaginação, organização espacial e temporal, raciocínio, expressão oral e escrita, criatividade, percepção, agilidade, abstração numérica, comunicação, concentração, memória e consciência.

2 Cumpriremos um plano de jogos para cada semana, contendo enigmas, caça-palavras, labirintos, ideogramas, embaralhadas, diretas etc., com o objetivo de exercitar todas as habilidades mentais.

3 Trata-se de um programa cuja intensidade aumenta paulatinamente. Seguiremos um roteiro de jogos que, a cada semana, ficará um pouco mais complicado.

As habilidades mentais

MEMÓRIA
Sem o hábito de exercitá-la, a memória ficará cada vez mais debilitada. Por outro lado, se a exercitarmos como convém, veremos com clareza como a memória melhora.

ATENÇÃO
A falta de atenção gera lembranças vagas e também faz com que não aproveitemos ao máximo o tempo que dedicamos a tarefas concretas.

CÁLCULO
Os exercícios de cálculo aguçam a mente e potencializam a concentração. Fazer vários tipos de cálculos, que sejam cada vez mais complexos, é um bom treinamento para não perder as faculdades mentais.

LÓGICA
Fazer exercícios de lógica reforça as sinapses das áreas do cérebro encarregadas do pensamento lógico.

LINGUAGEM
Em todas as facetas de nossa vida, são básicas a compreensão e a expressão de nosso pensamento. O desenvolvimento da capacidade verbal leva à melhora da compreensão e à aquisição de um vocabulário mais rico.

ORIENTAÇÃO ESPACIAL
A orientação nos permite conhecer o mundo tendo nós mesmos como ponto de referência.

Como avaliar os resultados?

Para contar os pontos nesses jogos, é preciso marcar o tempo. Em cada jogo, há um contador para anotar o resultado que tivermos conseguido de acordo com um destes dois sistemas:

Marcador 1: De acordo com o tempo de resolução

Devemos anotar o tempo que demoramos para resolver o jogo por completo. De acordo com o tempo empregado em minutos, marcaremos um X no campo correspondente. No exemplo a seguir, damos como referência o intervalo de 3 a 6 minutos:

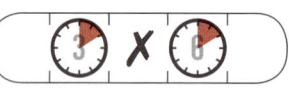

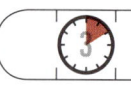

Se você demorar 3 minutos ou menos, marque o primeiro campo.

Se você demorar entre 3 e 6 minutos, marque o campo do meio.

Se você demorar mais de 6 minutos, marque o último campo.

Se você abandonar o jogo, não marque campo algum. Sua pontuação será 0.

Marcador 2: De acordo com o número de respostas

São jogos com um tempo limitado de realização. Você encontrará, à esquerda do marcador, o tempo de que dispõe para realizar o jogo. Conte o número de acertos e marque o campo correspondente. Desse modo, neste exemplo, o número de acertos segue este esquema:

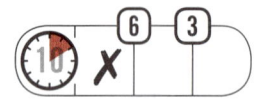

Se você acertar mais de 6, marque o primeiro campo.

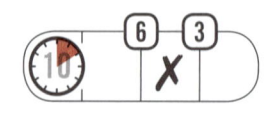

Se você acertar entre 3 e 6, marque o segundo campo.

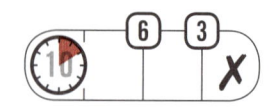

Se você acertar menos de 3, marque o terceiro campo.

Se você não conseguir nenhum acerto ou abandonar o jogo, sua pontuação será 0.

① Quando você terminar seus exercícios diários, deve transferir os resultados obtidos para a tabela que se encontra no final do dia correspondente. Faça um círculo no campo equivalente a seu resultado para saber a pontuação que você conseguiu em cada exercício.

Avaliação diária

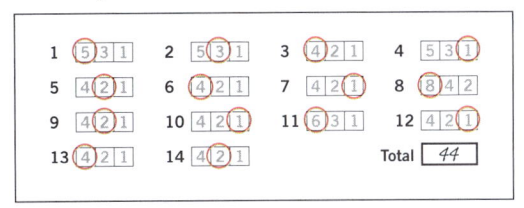

1 ⑤ 3 1	2 5 ③ 1	3 ④ 2 1	4 5 3 ①
5 4 ② 1	6 ④ 2 1	7 4 2 ①	8 ⑧ 4 2
9 4 ② 1	10 4 2 ①	11 ⑥ 3 1	12 4 2 ①
13 ④ 2 1	14 4 ② 1		Total 44

② A soma dos pontos diários nos permite saber a pontuação da semana.

③ No fim da semana, você deve somar todos os pontos conseguidos.

Avaliação semanal

Dia 1	44
Dia 2	
Dia 3	
Dia 4	
Dia 5	
Dia 6	
Dia 7	
Total da semana	

Semana a semana, a dificuldade dos exercícios aumentará para que o desafio pessoal de exercitar a mente seja cada vez mais complexo. E lembre-se: o importante é treinar!

Semana 3:
O raciocínio

"Muitos preferem antes morrer a pensar e, de fato, conseguem."
Bertrand Russell

O raciocínio é uma atividade mental global que envolve a memória, a atenção e a compreensão, entre outros processos básicos. É uma experiência interna e subjetiva que requer esforço, e treinar o raciocínio significa treinar a inteligência. Tenha em mente que raciocinar é o núcleo do processo do pensamento e, por isso, existem tipos de raciocínio muito diversos, como o dedutivo, o indutivo, o realizado por analogias etc. Nesta semana praticaremos, sobretudo, a capacidade analítica e de geração de argumentos.

Objetivos da semana

Nesta semana, tentaremos melhorar nosso raciocínio em assuntos aplicados ao cotidiano e trataremos de aprender a raciocinar de maneira sólida. Mais concretamente, nos concentraremos na capacidade de analisar e gerar argumentos e conclusões, pois essas habilidades são as que mais podem nos ajudar a manter uma postura crítica perante o universo de informações que chega até nós.

Os objetivos desta semana estão vinculados entre si, posto que vamos treinar as habilidades necessárias à análise e composição de raciocínios de forma sequencial. Ânimo!

1. Identificar os elementos de um raciocínio
Aprender a distinguir os argumentos e as conclusões de um raciocínio é o primeiro passo para poder analisá-lo corretamente.

2. Diferenciar os tipos de argumentos
Saber em que se baseiam os argumentos é uma ferramenta muito útil para construir um raciocínio convincente ou para analisar as mensagens que chegam até nós.

3. Detectar as relações entre os elementos
Esta prática nos proporciona a chave para construir um raciocínio coerente: "Diga-me que razões você tem e lhe direi o que você conclui".

4. Representar graficamente um raciocínio
Fazer um esquema nos ajuda a organizar nosso pensamento para poder render ao máximo.

5. Estabelecer critérios de análises dos argumentos
A solidez de um raciocínio se dá pela qualidade de seus argumentos. Saber avaliá-los nos permite detectar falácias e outras armadilhas argumentais.

6. Raciocinar com convicção
Construir nossos pensamentos com os melhores materiais torna nosso raciocínio mais poderoso.

7. Raciocinar sobre o raciocínio
Nossa capacidade de raciocinar aumenta quando podemos observá-la de um ponto de vista externo.

Dia 1

Identificar os elementos de um raciocínio

Os elementos fundamentais de um raciocínio são, principalmente, dois: a conclusão, que é a tese fundamental que se defende, e as premissas, que são as razões em que a conclusão se sustenta. Hoje quisemos destacar essa simples, mas fundamental, tarefa de diferenciar os elementos principais de um raciocínio.

1 Caça-palavra

Neste caça-palavra estão escondidos os nomes dos dez animais da lista. Você pode encontrá-los?

PÔNEI	IGUANA	FURÃO	HAMSTER	PAPAGAIO
GATO	CACHORRO	LEITÃO	COELHO	TIGRE

C	L	W	M	U	S	N	V	S	R	B	W	R	F	Y	G	D
E	P	L	U	C	G	U	I	C	O	Ã	T	I	E	L	S	F
F	O	F	J	W	O	K	V	E	Z	H	D	K	L	K	U	R
I	N	W	L	Y	Y	E	S	I	H	I	G	U	A	N	A	W
N	E	E	X	G	U	F	L	Y	D	E	V	J	U	Z	L	T
B	I	U	D	X	S	M	C	H	M	X	S	M	X	O	R	Y
S	B	T	N	C	H	W	Y	S	O	Y	V	B	I	X	N	N
F	W	I	O	T	A	G	B	W	F	K	S	A	F	E	X	B
C	U	V	J	Y	G	I	V	F	U	Y	G	H	X	F	H	V
J	I	R	K	C	H	T	Y	H	G	A	K	W	Z	N	A	F
H	M	U	Ã	J	E	H	G	M	P	M	U	J	V	W	M	B
H	T	L	K	O	S	J	V	A	V	V	U	U	Y	B	S	C
K	I	J	E	J	E	U	P	V	R	T	B	W	T	T	T	V
R	G	E	X	M	Y	U	B	F	U	C	U	L	D	X	E	I
R	R	V	C	U	F	M	M	R	D	F	B	N	V	V	R	B
X	E	S	Y	D	C	A	C	H	O	R	R	O	W	U	L	J
K	E	D	B	M	Z	V	T	S	G	I	E	R	F	G	M	E

Lembre-se:

Jogue durante 4 minutos. Se nesse tempo você encontrar 8 palavras ou mais, marque o primeiro campo. Se você encontrar entre 4 e 8, marque o segundo. E se encontrar menos de 4, marque o terceiro.

2 Labirinto

Percorra o labirinto e siga o caminho sem perdê-lo de vista. Você deverá entrar pela seta vermelha e sair pela verde.

Lembre-se:

Se você terminar em menos de 2 minutos, marque o primeiro campo. Se levar entre 2 e 4 minutos, marque o segundo. E se levar mais de 4, marque o terceiro.

3 Hexágonos

Para resolver este exercício, é preciso situar as palavras nos seis campos dispostos ao redor de cada número, de modo que encaixem com os de ambos os lados, com os quais compartilham duas letras consecutivas. As palavras dos números em azul são lidas no sentido horário, e as em vermelho, no sentido inverso. Aqui estão as definições das palavras que você precisa inserir.

1. Cortar em pedaços (o papel).
2. Arredio.
3. Abrir e fechar os olhos.
4. Leal; sincero.
5. Dificuldade; aperto (pop.).
6. O sétimo dia da semana.
7. Maior mamífero aquático.
8. Cliente da livraria.
9. Frase de sabedoria popular.
10. O universal é do tipo O negativo.
11. Divisão territorial do Brasil.
12. Suave ao tato (a pele).

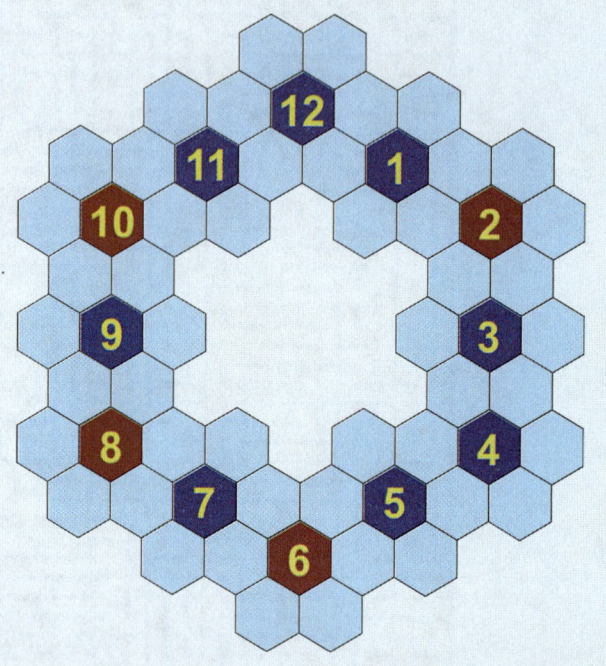

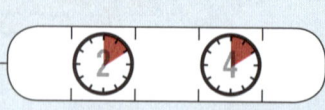

4 Letras selecionadas

O que as letras deste conjunto têm em comum?

CDEHIOX

5 Enigmagrama

Neste jogo, foram misturadas as seis letras de quatro palavras de mesma temática. Você deve descobrir que palavras são e, com as letras dos campos coloridos – devidamente ordenadas –, formar a quinta palavra, que é a solução do enigma proposto.

	M	A	S	C	I	A	
T							L
L							T
E							E
O							A
C							O
E							P
	U	R	T	E	S	E	

6 Hieróglifo

Forma de divulgação musical.

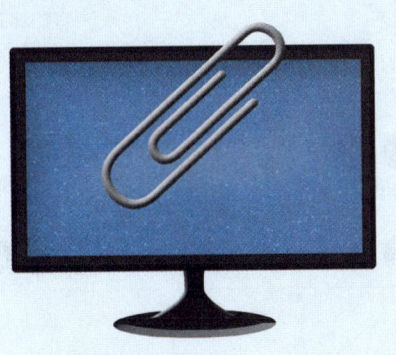

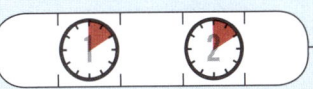

7 Braille

As habilidades do homem, quando falta algum de seus sentidos, são fantásticas. É o caso da linguagem idealizada por Braille para os cegos, com base em combinações de seis pontos dispostos em uma lâmina de 2 x 3. Cada letra é definida pela série de pontos que se destacam, que podem ser identificados pelo toque. Parece impossível, mas esse sistema permite ler com bastante fluência. Aqui, não pusemos os pontos ressaltados, mas você deverá lembrar a que letra corresponde cada combinação de pontos para deduzir a palavra ou frase em questão. Para facilitar, damos uma dica.

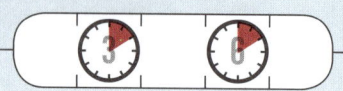

Básica para a guerra medieval.

8 Provérbio em fichas

Ponha as fichas na ordem que lhe permita ler um provérbio.

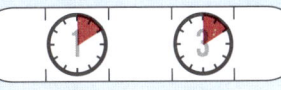

9 Países escondidos

Cada uma destas frases esconde o nome de um país, do mesmo modo que a frase "O andor rachava, mas as imagens dos santos eram sempre preservadas" contém "Andorra". Damos uma dica: os 5 países escondidos são do mesmo continente.

1. O bugre ciano se destacava nas areias maranhenses.
2. Vamos ao baile, Tônia?
3. Faço tudo por *tu*, galega.
4. Tanto o campeão quanto o time rival baniam qualquer tipo de violência dos estádios.
5. O turista espanhol anda pela orla durante os fins de semana.

> ★ Se este jogo estiver difícil, experimente ler cada palavra separando as sílabas. Você verá como irá encontrar a solução para cada enigma muito mais depressa.

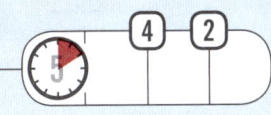

10 Quebra-cabeça mensageiro

Ponha à prova suas habilidades para recompor um quebra-cabeça do modo correto. Você tem os campos onde encaixar as peças e neles aparecem marcados em azul os que formarão o provérbio. Seu objetivo é decifrar a mensagem encaixando as peças sem que elas se sobreponham, de forma que cubram o tabuleiro totalmente. Se você conseguir, poderá ler nos campos com letras uma mensagem oculta. Encontre o provérbio que pode ser lido começando pela letra vermelha e seguindo no sentido horário.

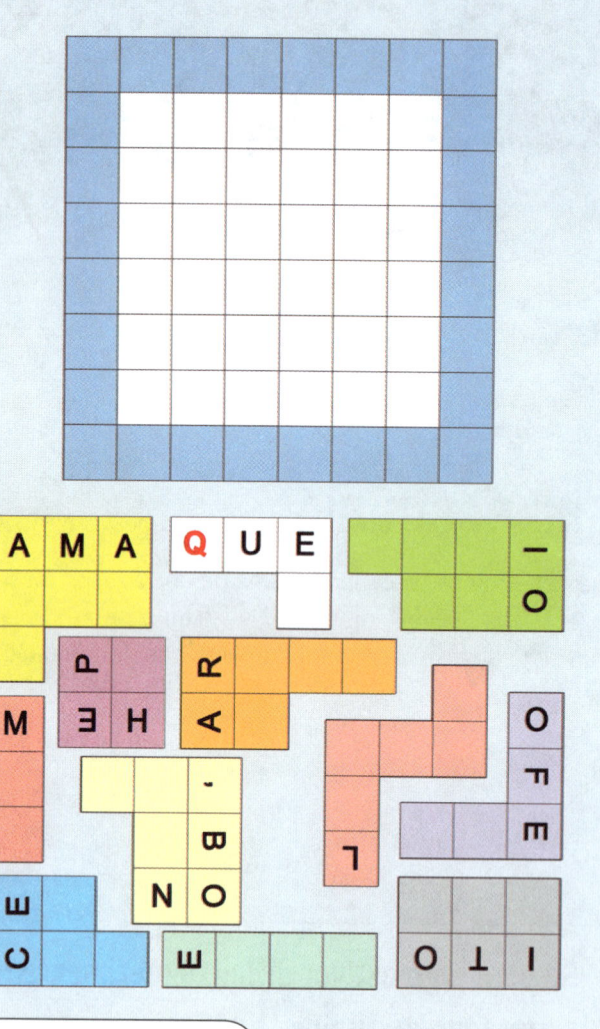

Dica: as peças não estão giradas.

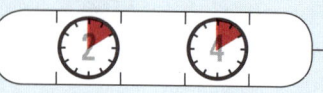

11. Quebra-cabeça fotográfico

O princípio deste exercício é simples: cada peça, ao ser encaixada corretamente no quebra-cabeça, lhe dará duas letras. Então, você deverá jogar com esses pares de letras para encontrar determinadas palavras. Nesse caso, trata-se do nome de duas cidades brasileiras.

12 Tempos somados

5x3

De que hora partimos no relógio da esquerda para que, ao somar-lhe os minutos indicados, dê como resultado o relógio da direita?

420 minutos

13 Enigma de letras

Leia e memorize esta sequência de letras, seguindo as instruções para encontrar a palavra escondida. Mas atenção: se a primeira letra aparecer no princípio e no final da sequência ou se aparecerem duas letras adjacentes repetidas, elimine-as. As letras são designadas pelo lugar que ocupam em cada momento. Tenha em mente que, se a letra mudar de lugar, muda seu número.

EXEMPLO:
Sequência que deve ser memorizada.
GRAOMR.
Instruções: Troque a 1 com a 2.
Troque a 3 com a 4.

SOLUÇÃO:
Troque a 1 com a 2: a nova sequência é RGAOMR.
Se suprimirmos os dois erres, sobra GAOM.
Troque a 3 com a 4: é a palavra final, **GAMO**.

GDAMTOMD
Troque a 6 com a 7.
Troque a 1 com a 2.
Troque a 3 com a 4.

Pense na seguinte afirmação: "As famílias de hoje mudaram". Imagine que você tenha que dar uma palestra sobre esse tema. Escreva suas conclusões e os argumentos em que você se basearia.

14 Alfaméticas

5x3

Nas alfaméticas, cada letra, cor ou símbolo representa um número de 0 a 9. Se são resolvidas corretamente, o resultado será uma soma aritmética válida. Diferentemente das somas convencionais, nesses cálculos, é mais fácil operar da esquerda para a direita.

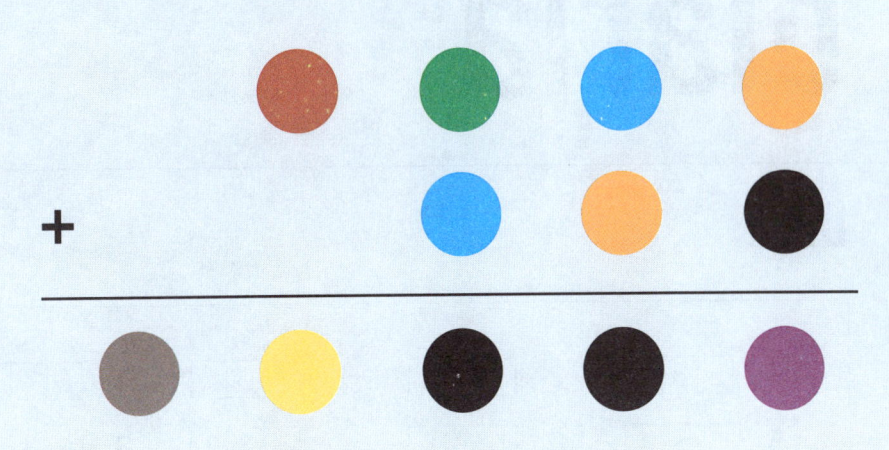

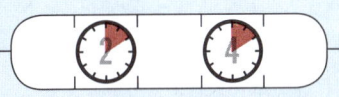

+ 🔴 🟢 🔵 🟠
      🔵 🟠 ⚫
———————————————
 ⚪ 🟡 ⚫ ⚫ 🟣

⏱ 2   ⏱ 4

🎯 Leia uma notícia em um jornal ou um artigo de opinião em uma revista e determine com a ajuda de um lápis qual é ou quais são as conclusões e os argumentos que a sustentam. Enumere-os.

🎯 Tente procurar outra fonte de informação (por exemplo, outro jornal) sobre essa mesma notícia ou esse mesmo artigo e realize a operação de antes. O que você descobriu?

19

Avaliação diária

Dia 1

1	5 3 1	2	5 3 1	3	5 3 1	4	6 4 2
5	5 3 1	6	5 3 1	7	5 3 1	8	5 3 1
9	5 3 1	10	5 3 1	11	5 2 1	12	6 4 2
13	5 3 1	14	6 4 2			Total	

- Se você somou mais de **45** pontos, não baixe a guarda e seu cérebro continuará em forma.
- Se você conseguiu entre **27** e **45** pontos, obteve um resultado mediano. Se continuar treinando, pode alcançar melhores resultados.
- Se a sua pontuação não chegou a **27**, você precisa melhorar. Não desanime. Você está apenas no começo. Tudo é questão de treino.

Dia 2

Diferenciar os tipos de argumentos

Existem diferentes tipos de argumentos que sustentam a tese de um raciocínio. Alguns dos mais habituais são:
· exemplos e analogias;
· dados estatísticos;
· leis, em geral, assim como provérbios e máximas;
· citações de autoridades no tema abordado.
Outras táticas que costumam ser empregadas na defesa de uma tese são a alegação de que esta pode levar a uma melhora, a apelação para os sentimentos de quem nos escuta ou a tentativa de desbancar as teses contrárias.

1 Imagens distorcidas

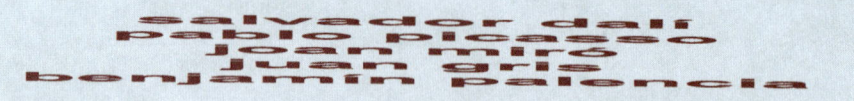

Para encontrar as soluções, é provável que você tenha que olhar para o livro de outro ponto de vista.

salvador dali
pablo picasso
joan miró
juan gris
benjamin palencia

★ **Dica: trata-se do nome de cinco pintores.**

2 A letra que falta

Qual é a letra que falta nesta composição?

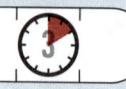

3 Dominó

5x3

Neste jogo, você deve observar os dois conjuntos de fichas e, sem contá-los, marcar no quadrado abaixo qual dos dois tem mais pontos. Em seguida, você pode contá-los para conferir se acertou ou checar a solução.

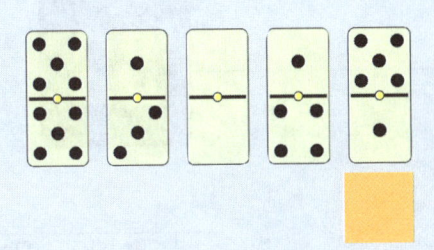

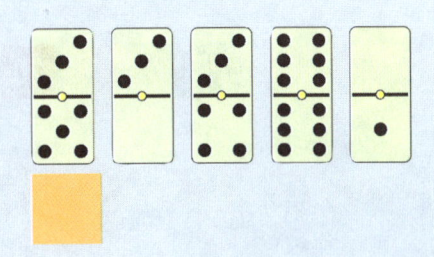

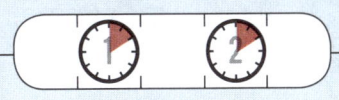

4 Salto do cavalo

a b c

No tabuleiro de xadrez, o cavalo se movimenta em L, já que avança duas casas de lado e uma de frente ou duas casas de frente e uma de lado, como indicado na ilustração adjunta. Começando na letra marcada pela seta no tabuleiro, combine esses movimentos para formar uma frase.

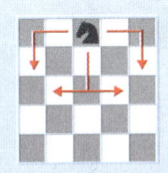

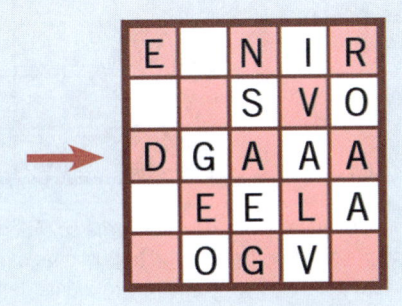

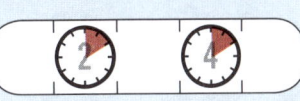

E		N	I	R
		S	V	O
D	G	A	A	A
	E	E	L	A
	O	G	V	

5 Batedeira de números

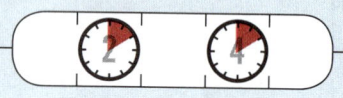

5x3

A partir dos números abaixo, à esquerda, você deve conseguir o resultado final (o número em destaque). Para isso, utilize as operações matemáticas básicas. Você deve usar todos os números, na ordem em que aparecem.

12 - 7 - 4 - 20 - 8 → **32**

6 Acróstico

Este tipo de jogo original assume a forma de um antigo quebra-cabeça. Trata-se de desvendar as pistas e inserir as palavras nos campos quadriculados. Com as iniciais dessas palavras, você poderá formar uma palavra nova, que será a solução do jogo.

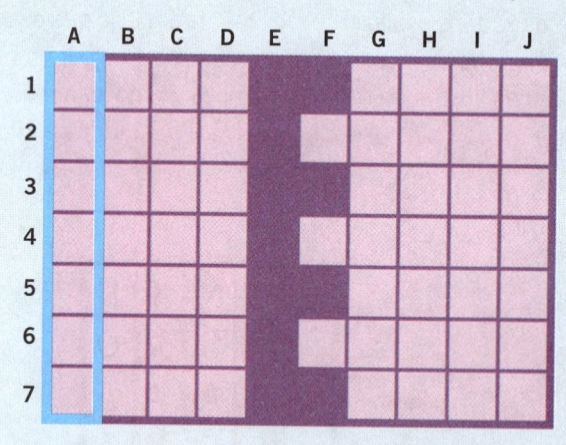

1. Entidade folclórica de uma perna só. Adorno do dedo.
2. Lição dada pelo professor. Impulsionar o barco.
3. Alvo dos cuidados da manicure. Lente de aumento.
4. Cubo numerado. Ter conhecimento.
5. Fruto amazônico apreciado por atletas. Não curvo.
6. Item cronológico. Terceiro mês do ano.
7. Falha; engano. Formação essencial ao surfe.

7 Direta

As definições destas palavras cruzadas se encontram nos campos azuis. Você simplesmente tem que descobrir a que palavra se refere cada uma e escrevê-la na direção indicada pela seta.

Definições no grid
Grande matéria jornalística
Em lugar posterior / Tempero iodado
Perturbar; importunar / Vogais de "balé"
Calmo / Aparelho para assistir a novelas
Aquilo que sobra / Ter semelhança com
Brado em arenas / Em, em espanhol
Colarinho / Santa (abrev.)
Esperma (Biol.) / Carta do baralho
O carro 0 km / Primeiras letras
501, em romanos / Item do endereço
(?)-delta, aparelho de voo
Moradia; residência / Óculos (?): protegem os olhos dos raios ultravioleta / Acanhada
Carvão do churrasco / 7ª nota musical
Regiane Alves, atriz

2/en. 4/gola. 6/sereno – tímida. 10/reportagem.

Você poderia determinar que tipos de argumentos são os mais habituais no discurso político? Observe um debate na televisão e tente classificar os argumentos.

8 Animais

Observe este zoológico durante o tempo que quiser e memorize a que letra cada animal está associado. Depois, cubra-o e tente "ler" a palavra do exercício. Para facilitar, damos uma dica.

Para no próximo ponto.

9. Quiz

Ao transferir as letras das respostas corretas para os campos, você formará uma nova palavra.

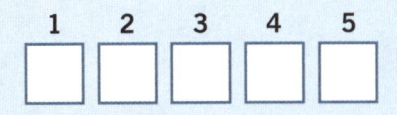

1	2	3	4	5

1. Em que time jogou Ronaldinho Gaúcho?

    C. F.C. Barcelona. **W.** River Plate.
    V. Real Madrid. **R.** Atlético de Madrid.

2. Pilatos enviou Jesus a que Herodes?

    N. Herodes Agripa II. **D.** Herodes Agripa I.
    F. Herodes, o Grande. **A.** Herodes Antipas.

3. Como o Burkina Faso se chamava antes?

    B. Togo. **S.** Alto Volta.
    O. Mali. **R.** Benin.

4. Depois de que guerra aconteceram os julgamentos de Nuremberg?

    W. Guerra do Vietnã. **R.** Primeira Guerra Mundial.
    F. Guerra do Iraque. **T.** Segunda Guerra Mundial.

5. Em que ano Pelé fez seu milésimo gol?

    O. 1975. **A.** 1969.
    E. 1965. **F.** 1979.

Dica: a palavra secreta tem diversos significados. Entre outros, é sinônimo de linhagem.

10 Labirinto de provérbios

Neste jogo, você deve começar por um campo e percorrer o labirinto através das linhas pretas. As sucessivas letras que você encontrar o levarão a descobrir um provérbio.

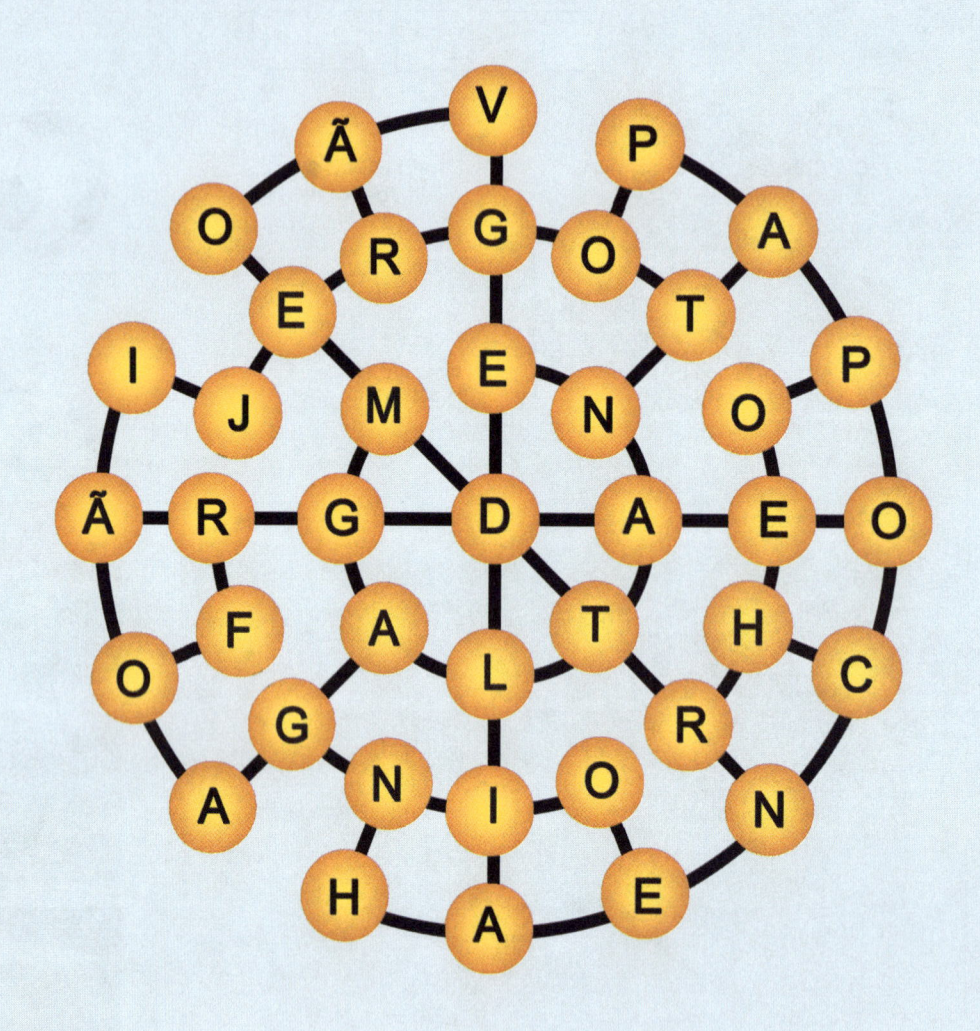

Dica: resolva o exercício começando pelo campo central.

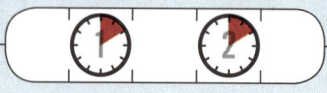

11) Pensamento lateral

A expressão "pensamento lateral" foi cunhada pelo doutor Edward de Bono e se refere a seu sistema de resolução criativa de problemas. A palavra "lateral" tem diversos significados: relativo a lado, situado ao lado, à parte, à margem etc. Este enigma foi pensado para exercitar sua capacidade de aplicar o pensamento lateral na hora de encontrar soluções que não estão aparentes à primeira vista. Aqui, propomos o seguinte:

Acrescente as letras que desapareceram nestas duas sequências relacionadas.

D M U X T D L M N ?
O ? I O E E A A C A

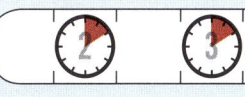

12) Decifre o código

Neste código, a cada número corresponde uma letra, de acordo com a posição que esta ocupa no abecedário: A = 1; B = 2; C = 3; D = 4; E = 5 etc. No entanto, para que a criptoanálise se torne mais complicada, foram eliminados todos os espaços entre os números. Por exemplo, a palavra CÓDIGO, que seria composta pelos números 3-15-4-9-7-15, aparece representada como 31549715.

Você consegue decifrar os códigos a seguir?

1. 19115251814118415 (2 palavras)
2. 16119201518112513115 (2 palavras)
3. 38982118211
4. 4112131201
5. 1311920913

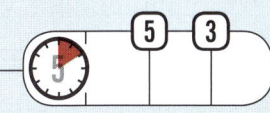

13 Jogada de xadrez

Tente memorizar as peças do tabuleiro. Em seguida, cubra-o e escreva a jogada necessária para que as brancas ganhem em um único movimento.

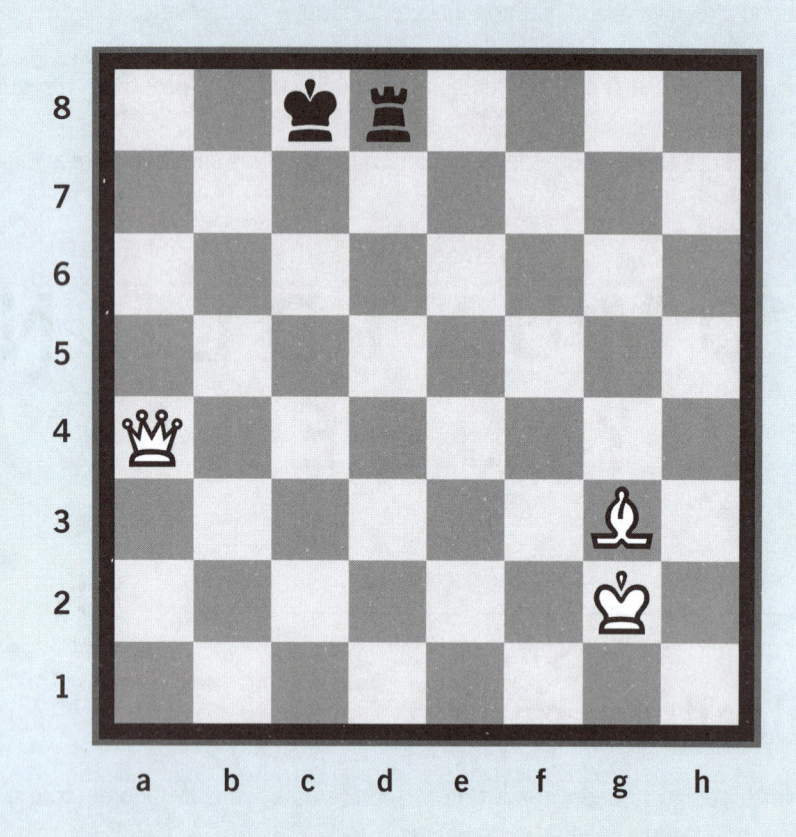

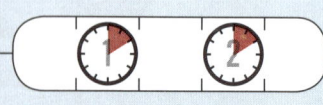

O que você acha de analisar os argumentos utilizados pela publicidade? Você pode aproveitar os intervalos comerciais da televisão ou do rádio para praticar.

14 ३D

Você é capaz de ordenar estas letras sem qualquer dica adicional? A primeira coisa que você deve fazer é identificar as letras. Depois, não será difícil ordená-las corretamente.

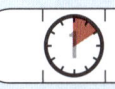

Agora que você já adquiriu prática, observe as diferenças entre os discursos políticos e publicitários. Poderia explicar o sentido das diferenças que encontrou?

Avaliação diária

Dia 2

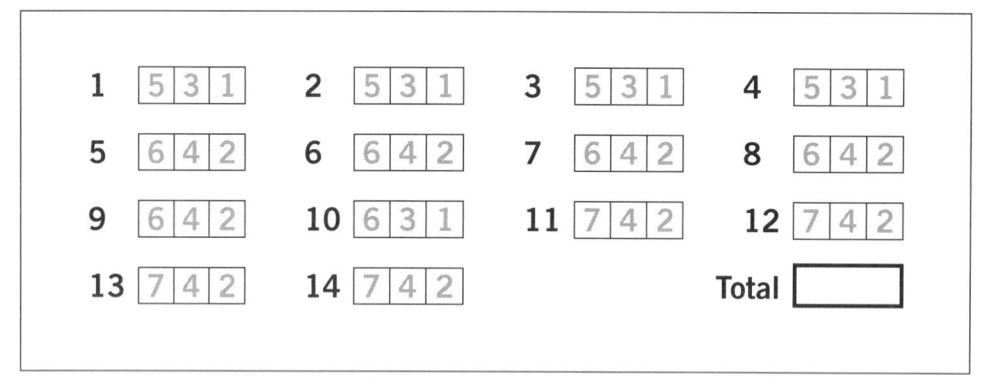

1	5 3 1	2	5 3 1	3	5 3 1	4	5 3 1
5	6 4 2	6	6 4 2	7	6 4 2	8	6 4 2
9	6 4 2	10	6 3 1	11	7 4 2	12	7 4 2
13	7 4 2	14	7 4 2			Total	

- Se você somou mais de **52** pontos, parabéns! Tente continuar no mesmo nível amanhã.
- Se você conseguiu entre **32** e **52** pontos, obteve um resultado mediano. Com a prática diária, chegará muito longe.
- Se a sua pontuação não chegou a **32** pontos, você precisa melhorar. Continue jogando com atenção e amanhã certamente alcançará resultados melhores.

Dia 3

Detectar as relações entre os elementos

Para analisar ou construir concretamente uma linha argumentativa é imprescindível examinar as relações que existem entre os argumentos apresentados para defender uma tese. Podemos distinguir entre argumentos independentes que convergem, ou seja, entre distintas razões que levam a uma conclusão (exemplo: é importante treinar a mente, isso nos ajuda em nossa vida profissional, também nos ajuda a retardar o envelhecimento), e argumentos encadeados entre si (exemplo: é importante trancar a porta com a chave para não facilitar a entrada dos ladrões, pois, se eles entram, corremos o risco de sermos agredidos).

1 Atores

Neste jogo, mostramos as fotos retocadas de quatro atores muito famosos junto das letras embaralhadas de seus nomes. Jogue com as letras para averiguar como se chama cada um deles.

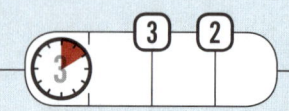

AAAACEEEEEFGHHI

IILLMNNNNNNOOOO

OPQRRRSSSTTTUUY

2 Logogramas

Os logogramas consistem em encontrar uma palavra-enigma cujas sílabas formam outras palavras. As dicas se referem a palavras compostas pelas sílabas da palavra-enigma. Apenas a última dica se refere à palavra-enigma. Descubra a palavra-enigma e todas as que são formadas com ela.

> **EXEMPLO**
> Dicas: 1 + 2 = homem abastado; 2 + 3 = parte em um rateio; 3 + 2 = bastão de beisebol; 1 + 2 + 3 = queijo com pouca gordura.
> Solução: Palavra-enigma: ricota. Com as sílabas 1 e 2 (ri + co), você responde à primeira dica; com as sílabas 2 e 3 (co + ta), responde à segunda; e com as sílabas 3 e 2 (ta + co), responde à terceira dica. As três sílabas juntas formam a palavra enigma (ri + co + ta).
> Agora é a sua vez!

Dicas: 1 + 2 = Conjunto de uvas; 1 + 4 = Face da moeda; 2 + 4 = Derrama lágrima; 3 + 4 = Pátio de fazendas; 1 + 2 + 3 + 4 = Queda-d'água.

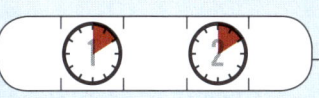

3 O caixa

5x3

Calcule mentalmente qual é o troco que você tem que dar a partir do dinheiro que recebe.

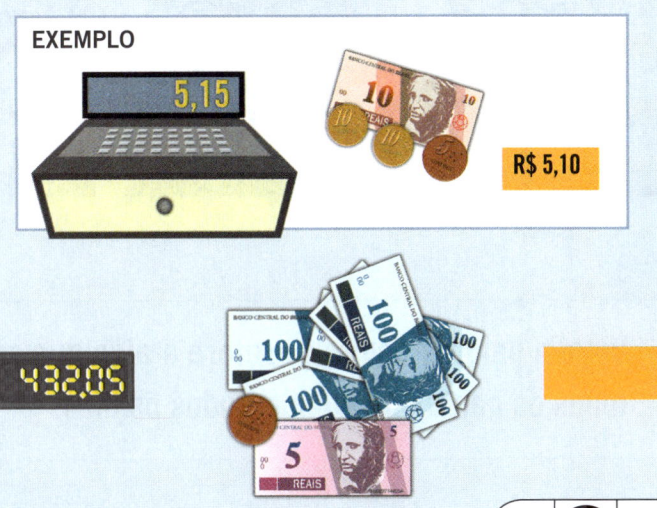

EXEMPLO
5,15   R$ 5,10

432,05

35

4 Mapa-múndi

Agora você testará seus conhecimentos de geografia mundial. Para isso, apresentamos um mapa-múndi com vários países, cada um marcado com uma letra. O objetivo é relacionar as fotos, tiradas em países diferentes, com suas letras correspondentes no mapa, para descobrir a palavra oculta. O número de letras é igual ao número de fotos.

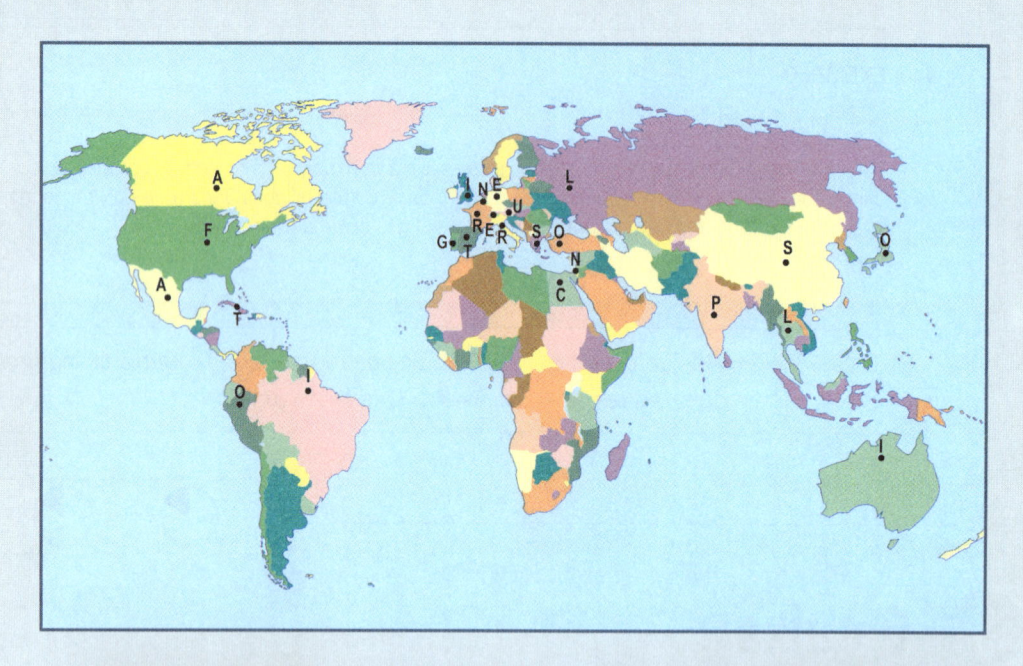

Dica: a palavra oculta se refere a algo que se vê de todos os cantos do mundo, todos os dias.

5 Fichas em branco

5x3

Neste exercício, você deve pôr as fichas abaixo sobre as que aparecem em branco, de forma que os pontos somem as quantidades indicadas em ambas as margens.

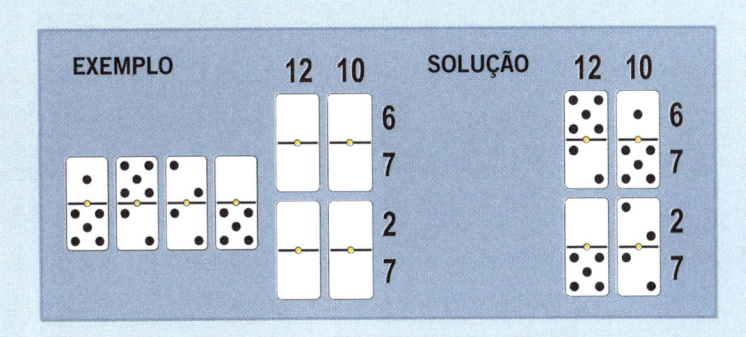

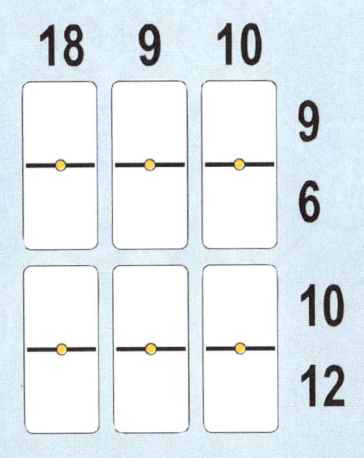

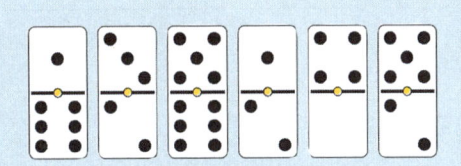

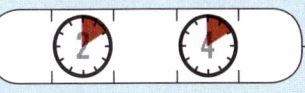

EXEMPLO   12   10   SOLUÇÃO   12   10

6
7
2
7

18   9   10

9
6

10
12

6 Em rede

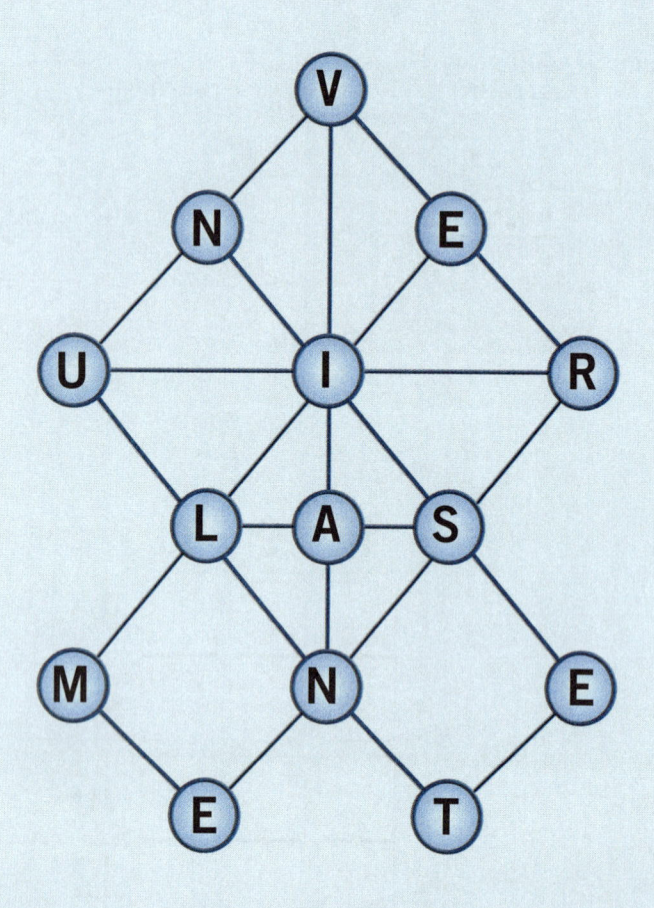

Neste jogo, você deve formar uma palavra de catorze letras saltando de letra em letra. É preciso empregar todas as letras, mas apenas uma vez cada, e cada letra deve se unir à seguinte por uma linha.

Escolha vários parágrafos de um jornal e observe a inter-relação de seus argumentos. Qual predomina? Por que você acredita que seja assim?

7 Círculo de palavras cruzadas

Este círculo de diretas tem seis definições. Suas respostas seguem o sentido horário. O final de cada palavra se sobrepõe a uma ou várias letras do início da palavra seguinte. Damos algumas letras como dica.

1. A moeda dos EUA.
2. Mensagem transmitida a uma pessoa.
3. Jogo com 28 peças numeradas.
4. O período noturno.
5. A alta sociedade.
6. Dispositivo para digitação (Inform.).

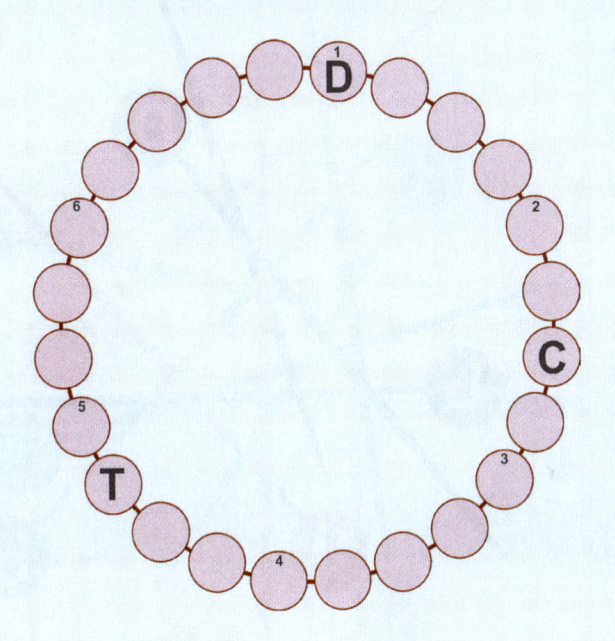

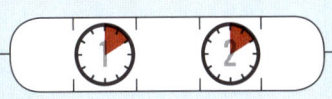

Acesse a internet e procure uma página contra a legalização das drogas. Que relações são estabelecidas entre seus argumentos?

8 Pega-varetas

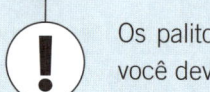

Os palitos deste jogo foram colocados uns sobre os outros. Para resolver o exercício, você deve observar como foram dispostos e responder às perguntas.

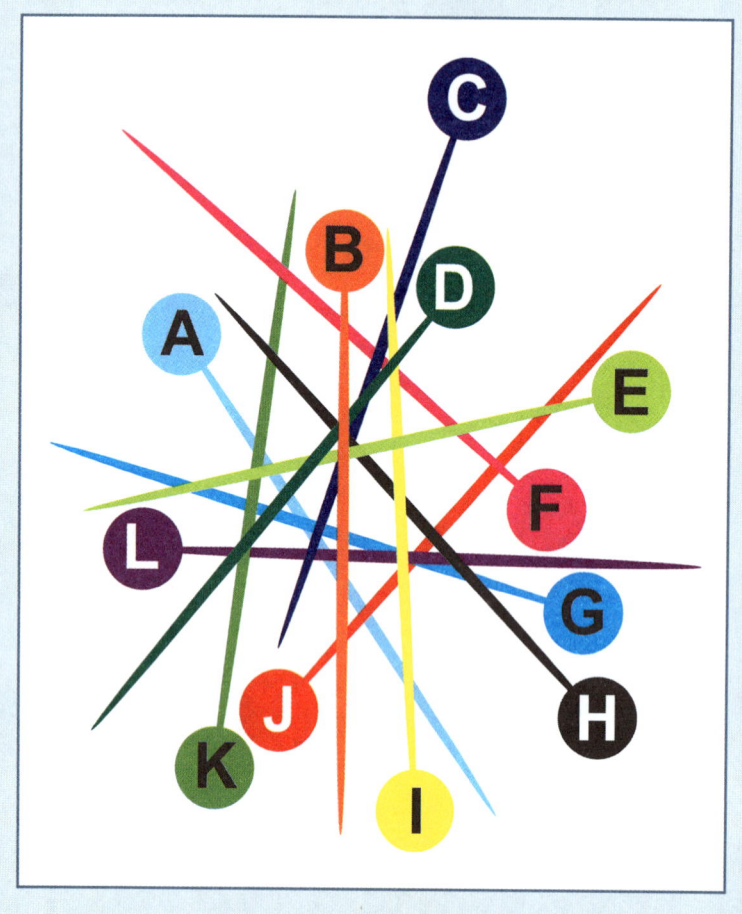

Que palito está mais por cima?
Em que ordem os palitos foram colocados?

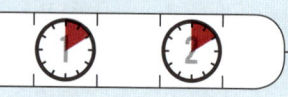

9. Memorizar desenhos

Tire 5 segundos para observar atentamente esta figura. Cubra-a e espere oito minutos.

Qual destas figuras é a mesma que você observou antes?
Escreva o resultado nesta mesma página.

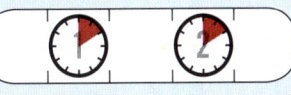

10 Enigma de letras

Leia e memorize a sequência de letras abaixo. Siga as instruções para encontrar a palavra escondida. Mas atenção à regra: se a primeira letra aparecer no princípio e no final da sequência, ou se duas letras adjacentes se repetirem, elimine-as. As letras são designadas por um número que corresponde ao lugar que ocupam em cada momento. Tenha em mente que se a letra muda de lugar, seu número muda.

EXEMPLO
Sequência que se deve memorizar:
GRAOMR.
Instruções: Troque a 1 com a 2.
　　　　　　Troque a 3 com a 4.

SOLUÇÃO:
Troque a 1 com a 2: a nova sequência é RGAOMR.
Os dois erres devem ser eliminados, restando: GAOM.
Troque a 3 com a 4: a palavra final é **GAMO**.
Agora é a sua vez!

Sequência que se deve memorizar: **AODTDR**
Instruções: Troque a 1 com a 6.
　　　　　　Troque a 4 com a 5.

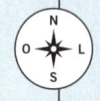

11 Cubos

O objetivo deste jogo é descobrir quantos cubos faltam na imagem, que originalmente é um cubo 3 x 3.

12 Embaralhadas

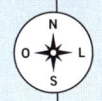

Ordene as letras deste exercício de forma adequada e você poderá descobrir a palavra oculta.

Dica: trata-se de um nome de ave.

13 Pic-a-pix

O objetivo do pic-a-pix é descobrir quais quadradinhos devem ser pintados (ou deixados em branco).

A grade é formada por quadradinhos. Note que existem números em cima de cada coluna e à esquerda de cada linha. Eles indicam quantos quadradinhos devem ser pintados em sequência, formando, assim, blocos.

A sequência de blocos, da esquerda para a direita e de cima para baixo, deve ser sempre respeitada. Entre os blocos, deve haver, pelo menos, um espaço vazio, que pode ser preenchido com X para facilitar a visualização.

O ideal é começar pelos números maiores ou pela sequência de maior soma, tanto na vertical quanto na horizontal.

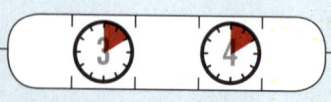

Escreva um parágrafo com argumentos convergentes que tentem convencer sobre a necessidade (ou não) da educação sexual na escola.

14 Dominó

As fichas de dominó são muito úteis para propor problemas de lógica. Se você não tiver um dominó à mão, mostramos as 28 fichas que compõem um dominó tradicional.

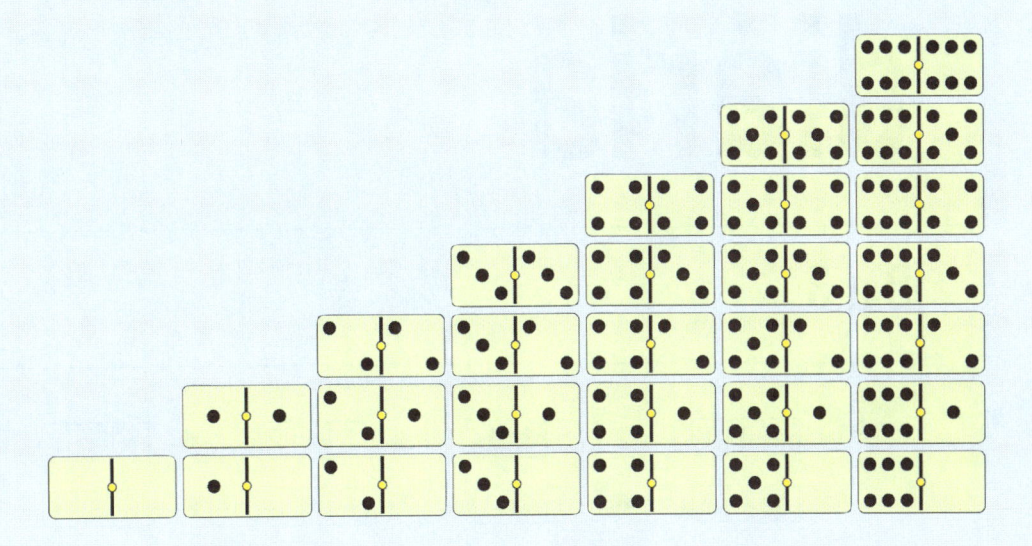

O objetivo deste exercício é localizar todas as fichas do dominó neste tabuleiro, tendo em mente que estão todas, sem repetir, e que os números correspondem à quantidade de pontos marcados em cada ficha.

Marcamos em laranja os lugares onde se poderia colocar o 4 – 2. Para facilitar as coisas para você, indicamos em azul a posição correta desta ficha.

2	3	2	4	0	5	5	6
3	3	6	4	1	1	5	5
6	6	0	0	6	3	4	5
6	0	4	2	0	4	2	5
1	5	6	3	4	4	4	2
2	0	2	2	5	3	1	1
0	3	1	6	1	1	0	3

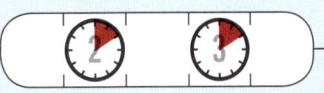

Avaliação diária

Dia 3

1	5 3 1	2	5 3 1	3	6 4 2	4	5 3 1
5	6 4 2	6	6 4 2	7	6 4 2	8	6 3 1
9	6 3 1	10	6 3 1	11	7 4 2	12	6 3 1
13	7 4 2	14	7 4 2			Total	

- Se você somou mais de **52** pontos, muito bem! Em meia semana, você já chegou a um nível bem alto.
- Se você conseguiu entre **32** e **52** pontos, obteve um resultado mediano. Está indo bem. Continue nesse caminho.
- Se a sua pontuação não chegou a **32** pontos, você precisa melhorar. Ainda restam alguns dias. Continue tentando.

Dia 4

Representar graficamente um raciocínio

Uma ferramenta muito útil para analisar um raciocínio ou para construí-lo de forma sólida é representar graficamente os elementos que o compõem e suas relações. O esquema abaixo pode lhe servir de inspiração, mas experimente elaborar a própria versão.

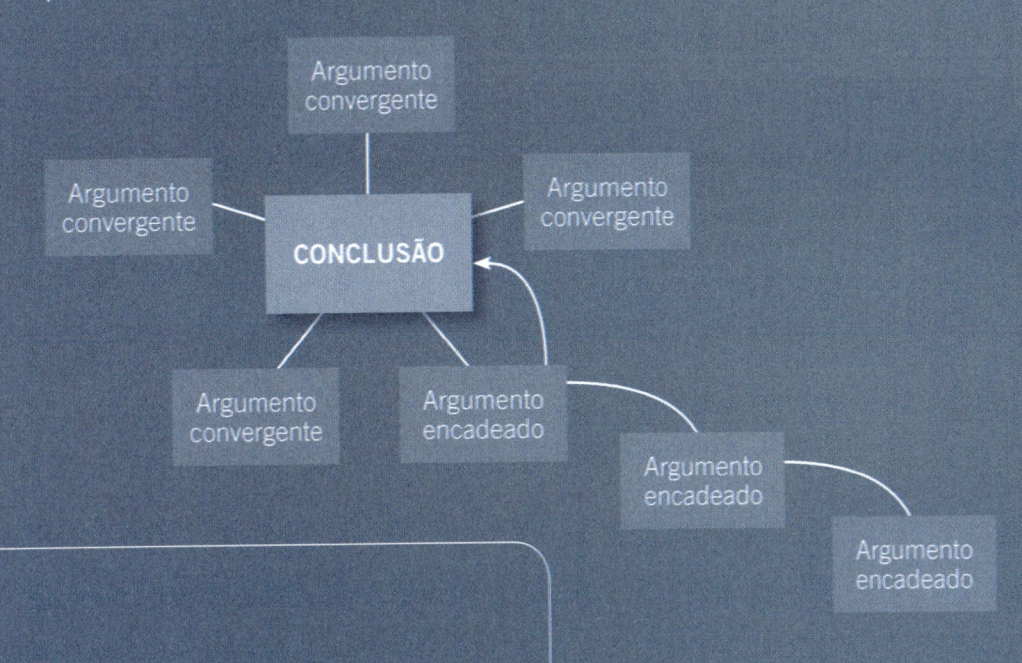

```
                    Argumento
                    convergente
                         |
  Argumento              |              Argumento
  convergente ———— CONCLUSÃO ———— convergente
                    /        \
          Argumento          Argumento
          convergente        encadeado
                                  |
                              Argumento
                              encadeado
                                  |
                              Argumento
                              encadeado
```

1 Pirâmide numérica

5x3

Os campos da pirâmide contêm um número igual à soma dos dois imediatamente abaixo. O objetivo do exercício é preencher os campos vazios tomando como dica os que já têm seu número inserido.

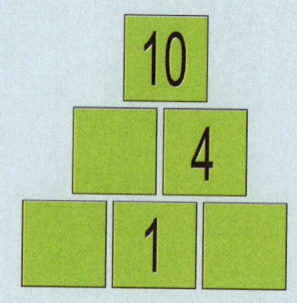

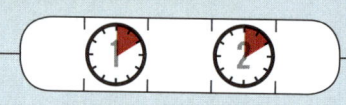

EXEMPLO

A
B C

SOLUÇÃO
A = B + C

10
4
1

2 Provérbio disfarçado

a b c

No texto a seguir, aparece um provérbio disfarçado com uma linguagem muito floreada.

EXEMPLO

As pessoas que possuem a cavidade que forma a primeira parte do aparelho digestivo costumam visitar o Coliseu.

SOLUÇÃO

Quem tem boca vai a Roma.

Normalmente, a afirmação contrária à verdade possui membros inferiores pequenos.

Dica: O segredo para descobrir o provérbio é simplificar os excessos do texto.

3. Caça-palavra

A paleta deste pintor contém catorze cores. Você consegue encontrar todas? Elas podem aparecer na horizontal, na vertical ou na diagonal e escritas em qualquer sentido; algumas podem, inclusive, se sobrepor.

AMARELO	CARMESIM	MARROM	PRATEADO	ROSA
AZUL	DOURADO	LARANJA	ROXO	VERDE
BRANCO	CINZA	PRETO	VERMELHO	

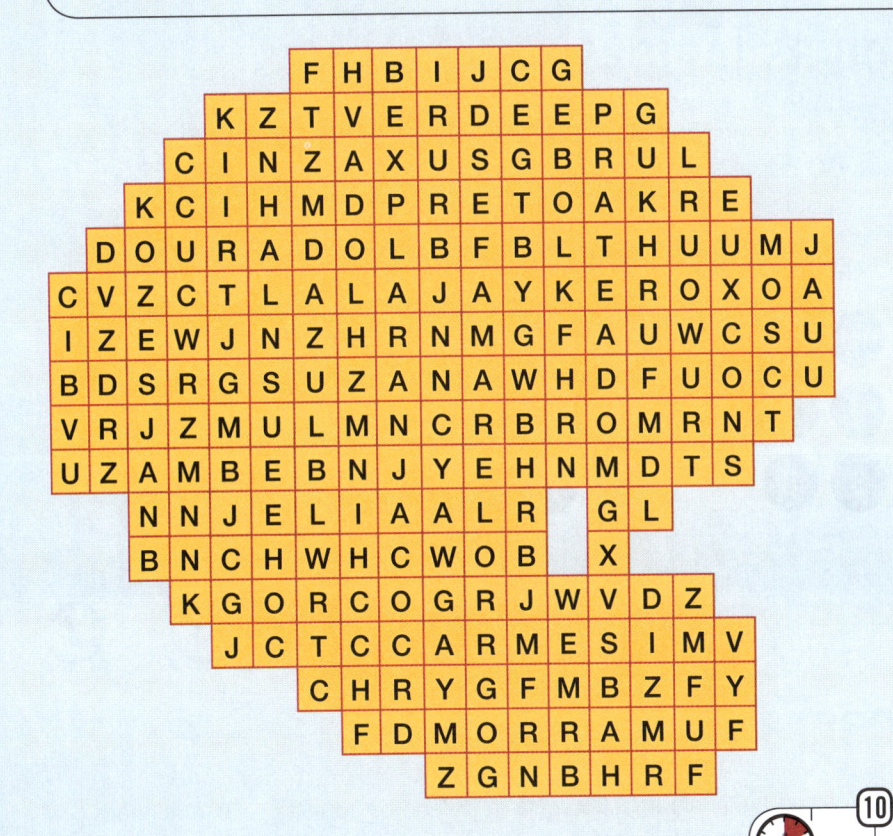

```
            F H B I J C G
          K Z T V E R D E E P G
        C I N Z A X U S G B R U L
          K C I H M D P R E T O A K R E
        D O U R A D O L B F B L T H U U M J
      C V Z C T L A L A J A Y K E R O X O A
      I Z E W J N Z H R N M G F A U W C S U
      B D S R G S U Z A N A W H D F U O C U
      V R J Z M U L M N C R B R O M R N T
      U Z A M B E B N J Y E H N M D T S
        N N J E L I A A L R   G L
        B N C H W H C W O B   X
          K G O R C O G R J W V D Z
            J C T C C A R M E S I M V
              C H R Y G F M B Z F Y
                F D M O R R A M U F
                  Z G N B H R F
```

Escolha um tema da atualidade que interesse a você e tente representar cada elemento do raciocínio em um esquema gráfico, considerando suas relações e o tipo de argumento utilizado.

49

4. A letra que sobra

Nesta composição, que letra sobra?

ABCDOPQR

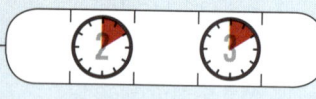

5. Somas lógicas

5x3

Ordene os números que aparecem neste exercício de forma que o que você inserir abaixo de cada coluna seja igual à soma dos que há acima.

EXEMPLO

18 21
 9 17
 3   8

SOLUÇÃO

 3   8
18   9
21 17

 6   7
32   5   2
 4 31 21
20   1   3

6. Anagramas

Decifre estes seis anagramas, ou seja, reordene os conjuntos de letras para conseguir palavras com sentido. Com cada um, você poderá obter um nome de mulher e, juntando todas as iniciais, poderá formar um nome de homem.

1. DELOORS
2. NADMAA
3. VIAEN
4. ABEILS
5. SILAE
6. AALRU

7 Memória visual

Observe a primeira série de folhas durante um minuto. Depois, cubra-a com um pedaço de papel e preste atenção à série de folhas seguinte.

Que folha desapareceu e qual é nova?

8 Quebra-cabeça mensageiro

Os campos coloridos permitirão que você leia um provérbio quando inserir corretamente todas as peças. Não lhe damos a letra que inicia o provérbio e sim uma dica: as peças não estão giradas.

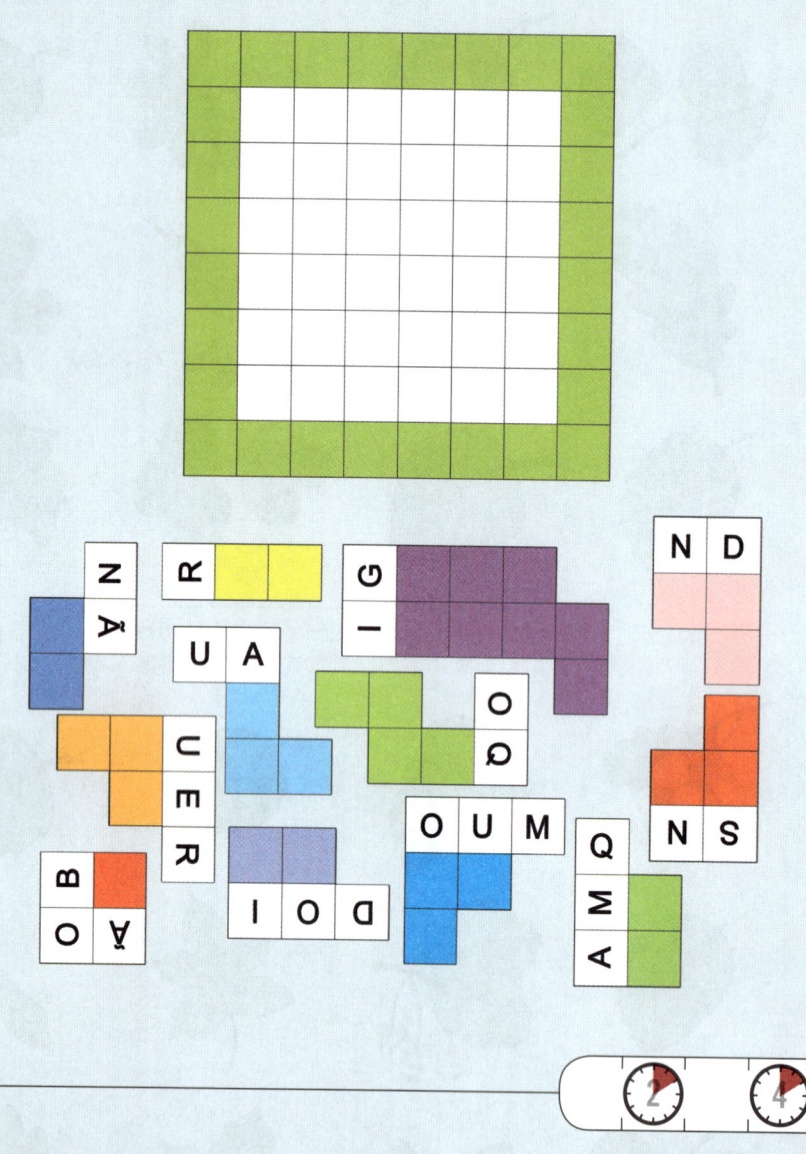

Peça a opinião de um amigo sobre um tema que você saiba que seja do interesse dele e tente desenhar em um papel a estrutura da argumentação dele. Agora você se sente mais capaz de rebatê-lo?

9 Bandeiras

As bandeiras, além de muito coloridas, servem para muitos jogos de lógica. Para começar, você deverá identificar a que países elas correspondem, o que já traz uma certa dificuldade. Depois, deverá descobrir o critério seguido na disposição das bandeiras.

10 Hieróglifo

Instrumento.

11 Bandeiras marítimas

Na Antiguidade, os barcos utilizavam bandeiras para transmitir mensagens uns aos outros. Cada bandeira era estudada para que se distinguisse perfeitamente das demais, sobretudo a distância. A seguir, você pode vê-las com as letras que representam. Estude-as bem porque logo depois deverá tapá-las e descobrir a palavra oculta, com a ajuda de uma dica.

Pergunte ao Pernalonga.

12 Correspondências

Na lista abaixo, você tem os nomes de uma série de personalidades e os pseudônimos por que são conhecidas. À esquerda estão as alcunhas e, à direita, os nomes verdadeiros. Como exemplo, damos um caso solucionado e sugerimos que você ponha um número ou uma letra nos campos para identificar cada um dos pares.

Pseudônimo		Nome verdadeiro
Agatha Christie	**1**	☐ Arlette Pinheiro Esteves da Silva
Bill Clinton	☐	☐ Nilcedes Soares Guimarães
Bono Vox	☐	☐ Demetria Gene Guynes
Brad Pitt	☐	☐ Maria das Graças Meneghel
Bruce Willis	☐	☐ Enrique Morales
Bruno Mars	☐	☐ Norma Jean Baker
Cazuza	☐	☐ Ecleidira Maria
Demi Moore	☐	**1** Agatha Marie Clarissa Miller
Dira Paes	☐	☐ Durval de Lima
Elton John	☐	☐ Agnes Gonxha Bojaxhiu
Fernanda Montenegro	☐	☐ Peter Gene Hernandez
Freddie Mercury	☐	☐ Ariclenes Venâncio Martins
Glória Menezes	☐	☐ Walter Willison
Lima Duarte	☐	☐ Caryn Johnson
Madre Teresa de Calcutá	☐	☐ Antônio de Carvalho Barbosa
Marilyn Monroe	☐	☐ Edson Arantes do Nascimento
Muhammad Ali	☐	☐ Neftalí Reyes Basoalto
Nostradamus	☐	☐ Jessé Gomes da Silva Filho
Pablo Neruda	☐	☐ Allen Stewart Königsberg
Pelé	☐	☐ William Jefferson Blythe III
Ricky Martin	☐	☐ Agenor de Miranda Araújo Neto
Silvio Santos	☐	☐ Senor Abravanel
Tom Cruise	☐	☐ Michel de Nostredame
Tony Ramos	☐	☐ William Bradley
Whoopi Goldberg	☐	☐ Thomas Mapother IV
Woody Allen	☐	☐ Farrokh Bulsara
Xororó	☐	☐ Cassius Marcellus Clay Jr.
Xuxa	☐	☐ Reginald Kenneth Dwight
Zeca Pagodinho	☐	☐ Paul David Hewson

13 Selos

Estes selos são dedicados às 7 Maravilhas do Mundo Moderno. Na lista abaixo, à esquerda, você tem os nomes dessas Maravilhas. Sabe a que selos correspondem?
Na lista abaixo, à direita, você pode ver uma série de localidades. Sabe em qual delas fica cada Maravilha?

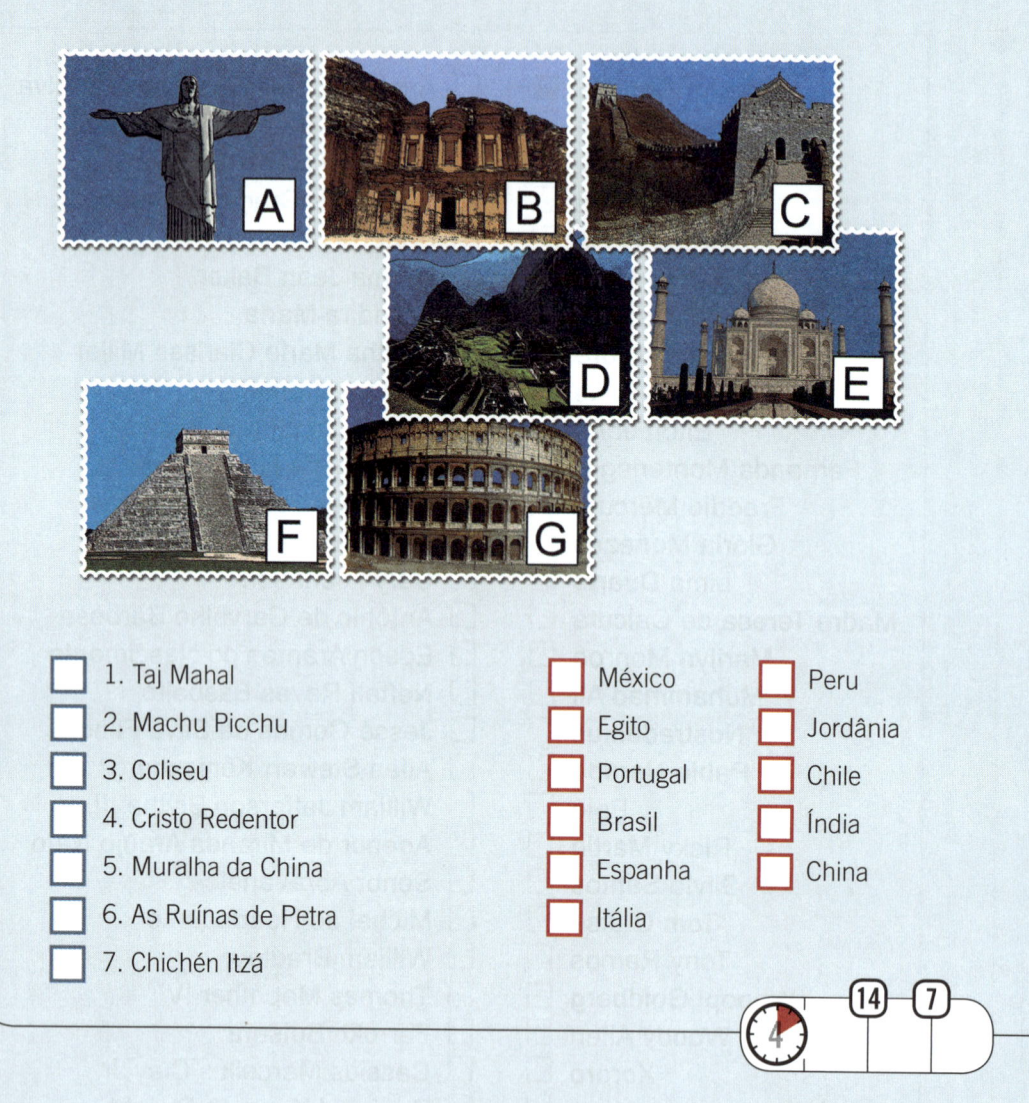

- [ ] 1. Taj Mahal
- [ ] 2. Machu Picchu
- [ ] 3. Coliseu
- [ ] 4. Cristo Redentor
- [ ] 5. Muralha da China
- [ ] 6. As Ruínas de Petra
- [ ] 7. Chichén Itzá

- [ ] México
- [ ] Egito
- [ ] Portugal
- [ ] Brasil
- [ ] Espanha
- [ ] Itália

- [ ] Peru
- [ ] Jordânia
- [ ] Chile
- [ ] Índia
- [ ] China

Pense sobre um tema em que você não sabe que posição tomar. Represente graficamente os argumentos a favor e contra. Agora você consegue tender a uma conclusão?

14 Bússolas

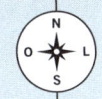

Este jogo consiste em saltar de letra em letra, seguindo as indicações da seta vermelha das bússolas até compor, com as letras pelas quais você vai passando, o nome e o sobrenome de um ex-presidente dos Estados Unidos.

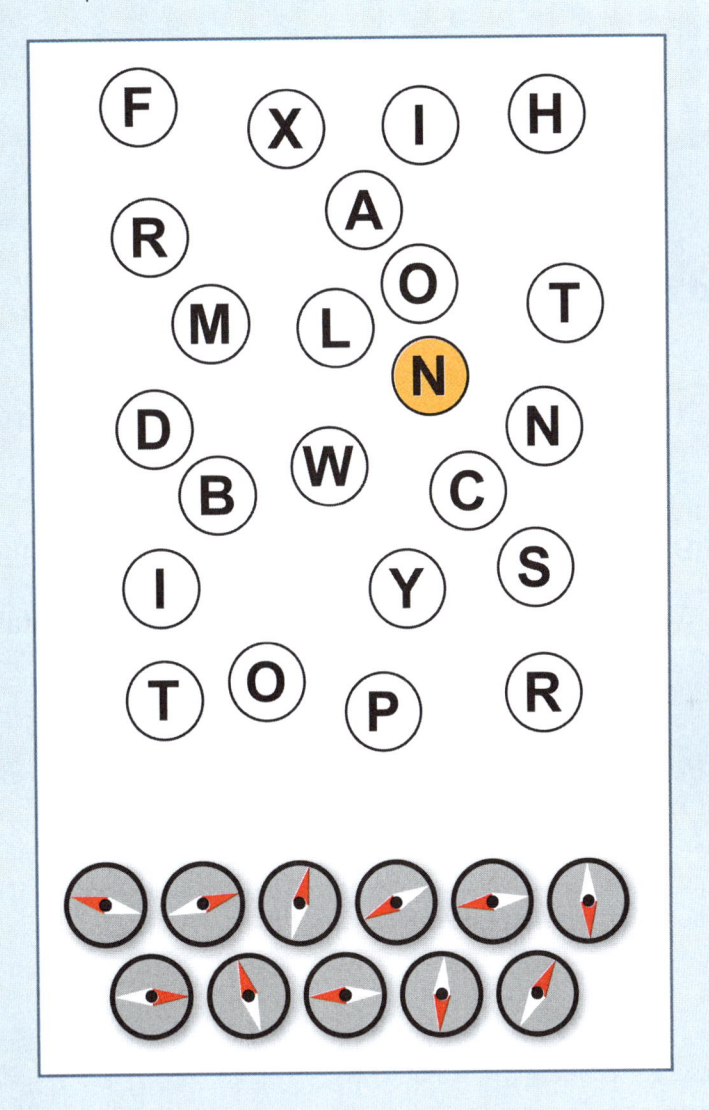

Dica: a letra marcada em laranja é a última do percurso.

Avaliação diária

Dia 4

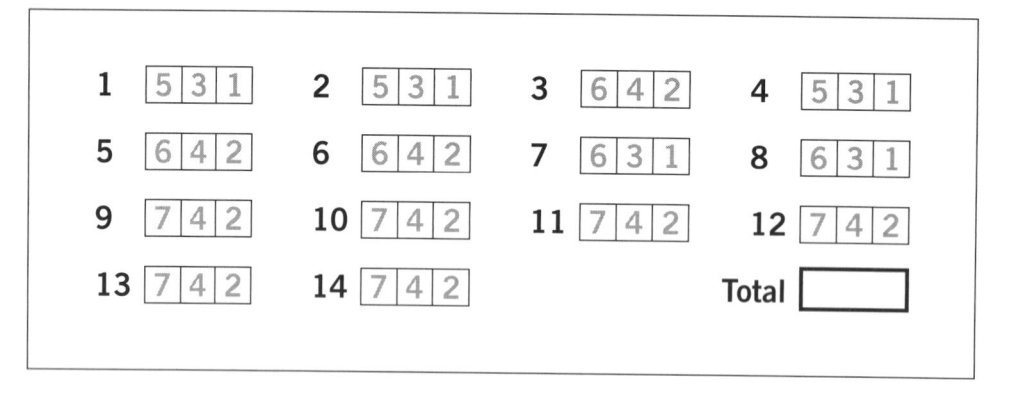

1	5 3 1	2	5 3 1	3	6 4 2	4	5 3 1
5	6 4 2	6	6 4 2	7	6 3 1	8	6 3 1
9	7 4 2	10	7 4 2	11	7 4 2	12	7 4 2
13	7 4 2	14	7 4 2			Total	

- Se você somou mais de **53** pontos, muito bem! Tente obter o mesmo amanhã.
- Se você conseguiu entre **33** e **53** pontos, obteve um resultado mediano. Jogar e continuar praticando é o caminho para se chegar ao nível máximo.
- Se a sua pontuação não chegou a **33**, você precisa melhorar. Há mais oportunidades de treino. Continue se esforçando.

Dia 5

Estabelecer critérios de análise dos argumentos

Hoje nos concentraremos no aspecto subjetivo dos argumentos e das conclusões. Vamos tentar avaliar a solidez dos argumentos que fazem parte do raciocínio de acordo com três critérios fundamentais: aceitabilidade (o grau em que a proposição é veraz ou falsa — recorra à própria experiência ou a fontes externas confiáveis para decidir), relevância (a importância das relações entre o argumento e a conclusão) e suficiência (se as razões expostas bastam para sustentar a conclusão). Você deverá realizar uma avaliação global final, tendo em mente que não é uma questão de tudo ou nada e sim uma questão de grau.

1 Pirâmide de palavras

Neste jogo, cada resposta é formada pelas mesmas letras da anterior, mais uma letra acrescentada que você deverá descobrir. As dicas ajudarão a encontrar cada uma das soluções.

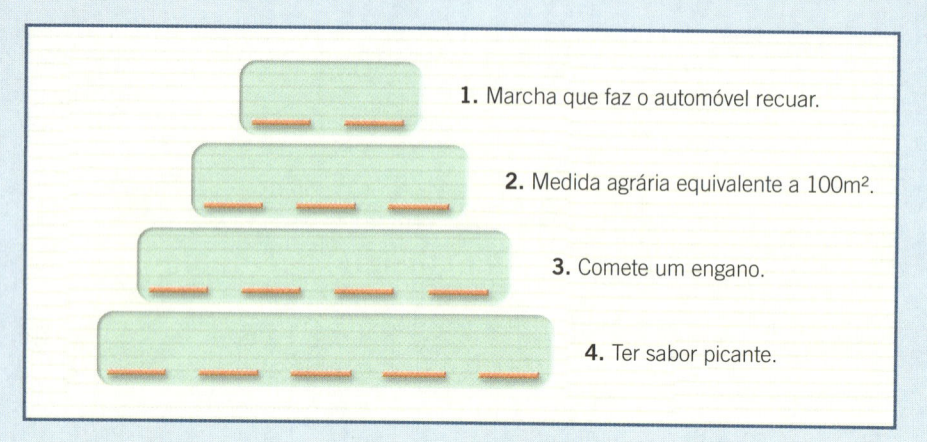

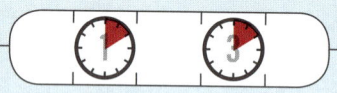

1. Marcha que faz o automóvel recuar.
2. Medida agrária equivalente a 100m².
3. Comete um engano.
4. Ter sabor picante.

2 Calendários

Qual é a folha do calendário que não segue a lógica?

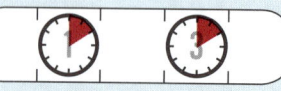

- JANEIRO 2 1375
- MAIO 5 1512
- ABRIL 16 1793
- OUTUBRO 17 1792
- OUTUBRO 22 1812
- NOVEMBRO 27 1923
- JULHO 27 1923

3 Atores e atrizes

Neste jogo, apresentamos as fotos retocadas de quatro estrelas do Cinema junto das letras embaralhadas de seus nomes. Jogue com as letras para descobrir como se chama cada uma das personalidades.

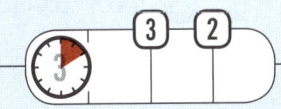

AAAAACCDEEEEEEF

GHIIIIIJJJKKKLLLMN

NNNNOOORRRSSW

4 Adivinhação

Ganhei três corridas individuais em uma competição esportiva, mas não cruzei a linha de chegada nem uma única vez. Como pode ser?

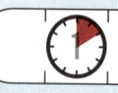

5 Provérbio em fichas

Descubra o provérbio que estas fichas escondem.

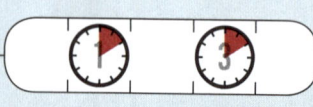

Fichas: dru / do / Deus / ge / a / ce / a / jú / quem / da / ma

Como você avalia a solidez da seguinte afirmação?
É preciso respeitar as pessoas de 70 anos porque elas são idosas.

6 Braille

Para resolver este exercício, você deve utilizar o mesmo código que aparece na página 14. Repasse-o e, quando acreditar tê-lo memorizado, volte a esta página e deduza a que palavras correspondem esta nova combinação de pontos. Como no caso anterior, damos uma dica.

Objetivo de ladrões.

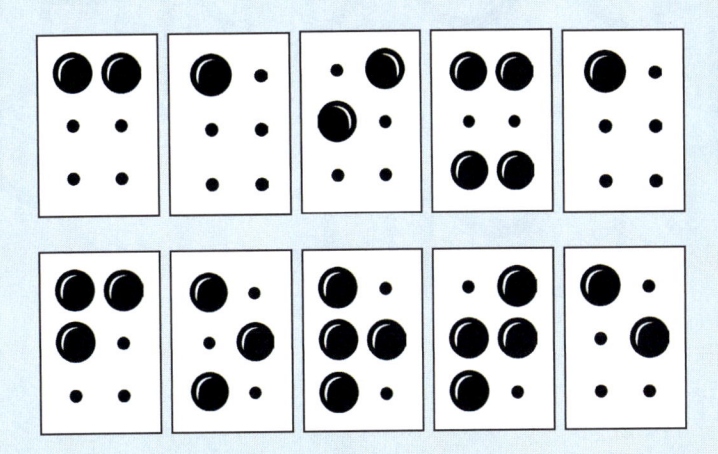

7 Alfaméticas

5x3

Nas alfaméticas, cada letra, cor ou símbolo representa um número de 0 a 9. Se forem resolvidas corretamente, o resultado será uma soma aritmética válida. Cada letra representa sempre o mesmo número e nenhuma linha pode começar por 0. Ao contrário das somas convencionais, nesse tipo de cálculo é mais fácil operar da esquerda para a direita.

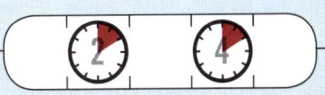

	A	B	C	C	D
+	A	B	C	C	D
	E	F	G	G	H	C

8 Caminhozinho

Ponha estes traços coloridos na linha preta na ordem correta, começando pelo ponto vermelho, e você descobrirá com as letras assim ordenadas o título de um filme americano.

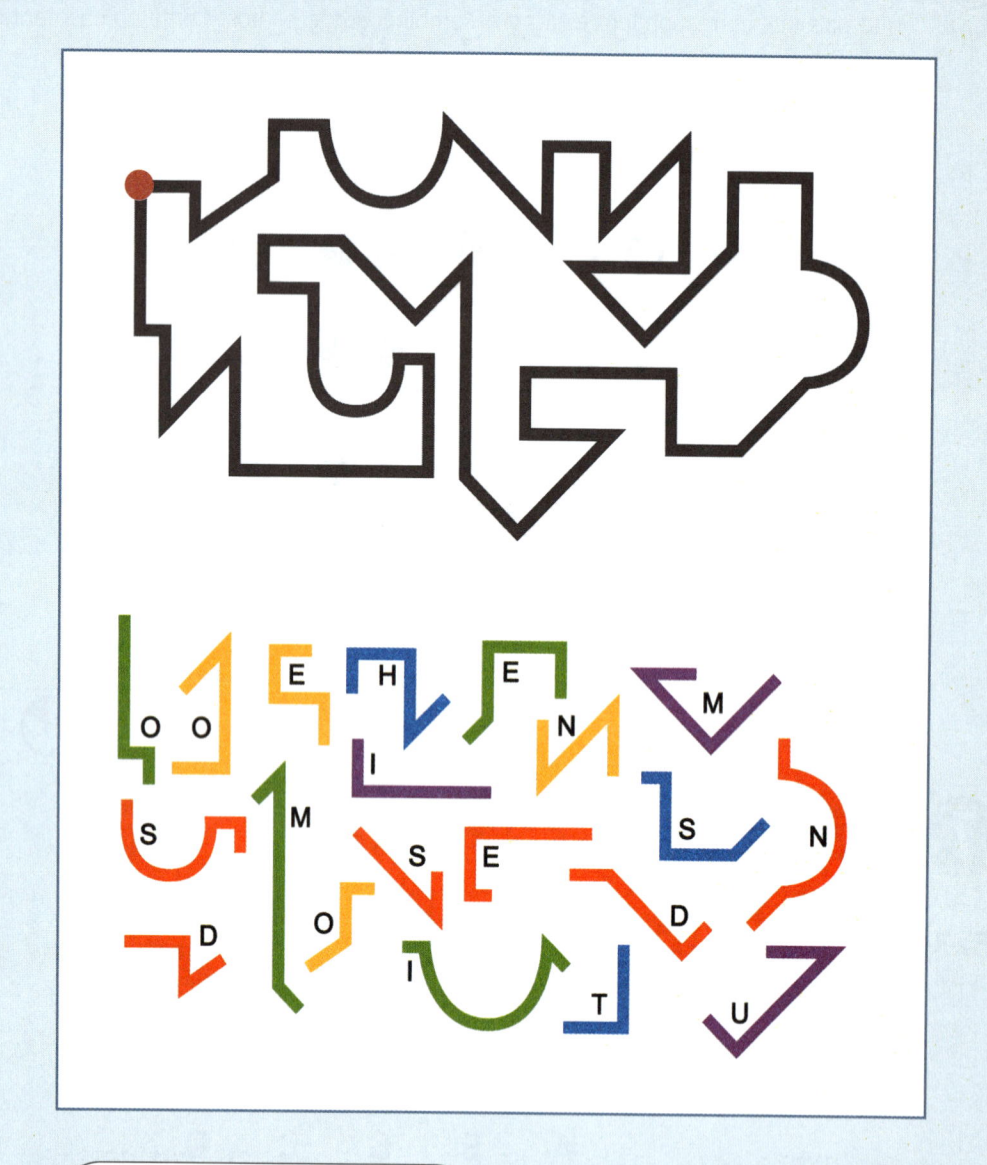

Dica: as peças não estão giradas.

9 Xô, bagunça!

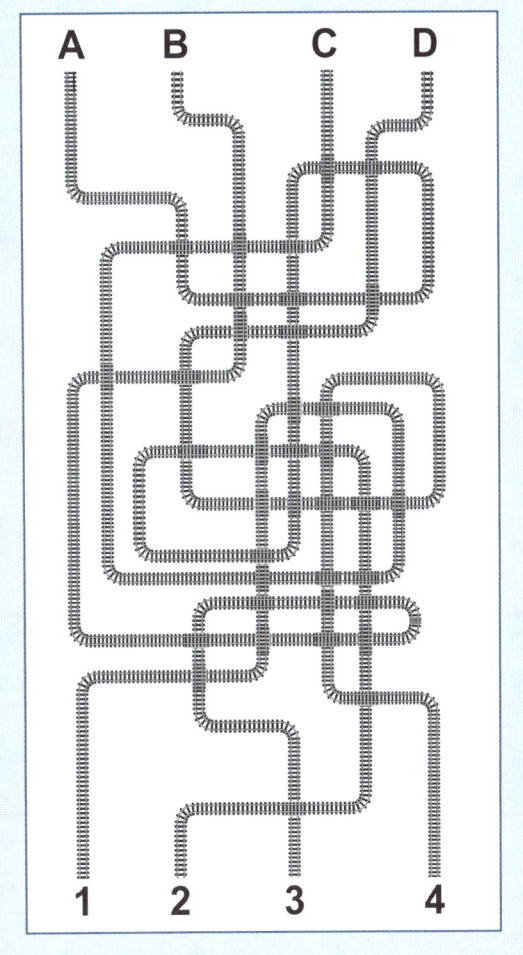

Você consegue seguir mentalmente as vias diferentes e fazer com que as letras correspondam aos números?

No texto a seguir, avalie o grau de solidez dos argumentos:
"As novas tecnologias são enriquecedoras, estimulam nossa atividade mental. Além do mais, a alimentação é importante".
O que ocorre com a primeira afirmação? E com a última? Que avaliação global você faria dos argumentos?

10 Solitário

5x3

De acordo com os dados do quadro, que indicam os pontos que podem ser obtidos, tente alcançar a pontuação máxima no jogo a seguir. Ponha 25 cartas da seleção de 30 que estão abaixo nos 25 campos da tabela adjacente. A pontuação total da tabela corresponde ao acúmulo dos pontos obtidos em cada coluna, fila e diagonal.

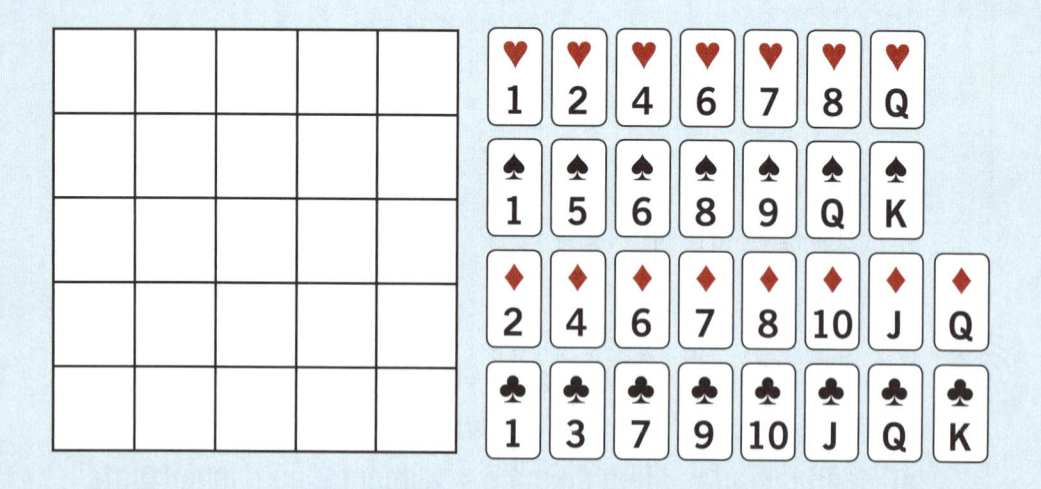

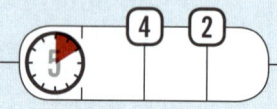

EXEMPLO

♥ ♦
2 2
par (duas cartas da mesma cor) = 1 ponto

♥ ♦ ♣ ♠
2 2 Q Q
dois pares = 3 pontos

♣ ♣ ♣ ♣ ♣
2 5 8 Q K
cinco cartas do mesmo naipe = 4 pontos

♥ ♦ ♣
2 2 2
trinca = 5 pontos

♥ ♦ ♣ ♥ ♦
2 2 2 7 7
full (uma trinca mais um par) = 8 pontos

♥ ♦ ♣ ♥ ♦
2 3 4 5 6
sequência (uma série ascendente de qualquer naipe) = 10 pontos

♥ ♦ ♣ ♠
2 2 2 2
quadra (quatro cartas do mesmo valor) = 12 pontos

♣ ♣ ♣ ♣ ♣
2 3 4 5 6
sequência de mesmo naipe (uma série ascendente do mesmo naipe) = 16 pontos

11 Contacubos

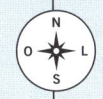

No jogo a seguir, você tem que aproveitar ao máximo sua capacidade de orientação espacial, já que o objetivo é somar cubos. Calcule quantos há na ilustração, sabendo que não pode haver cubos no ar que não se apoiem em outros até chegar ao plano que suporta a figura e que todos os dados estão em contato ao menos por uma de suas faces com outro dado.

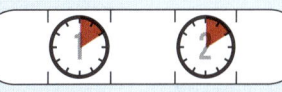

12 Em comum

Qual é o elemento químico que possui tantas letras quanto os da lista e, além do mais, tem duas letras em comum com cada um deles, menos com dois, com o qual compartilha três letras? Se houver letras iguais, são consideradas como diferentes ao serem utilizadas.

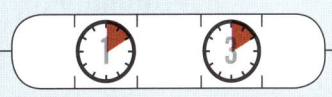

CLORO   BÁRIO
HÉLIO   FLÚOR   RÁDIO

13 Animais

Para resolver este exercício, você deve utilizar o mesmo código que aparece na página 26. Repasse-o e, quando acreditar tê-lo memorizado, volte a esta página e deduza a que palavras corresponde esta nova combinação de animais. Como no caso anterior, damos uma dica.

Sem vento, não há o que fazer.

Leia atentamente este diálogo:

"Mafalda: — Mas... por que tenho que fazer isso?

Mãe: — Porque sou sua MÃE e estou mandando!

Mafalda: — Se é uma questão de títulos, sou sua FILHA! E nos graduamos no mesmo dia! Ou não?"

Tente analisar o grau de solidez. O que falta no argumento: aceitabilidade, relevância ou suficiência?

14. Acróstico

Neste exercício, você deve encontrar a palavra a que se refere cada definição e escrever a resposta no quadriculado. Em seguida, quando preencher todos os campos, na coluna sombreada, você encontrará um autor e o código do quadro abaixo mostrará uma citação dele.

1. Comércio beneficente de igrejas. Que não é difícil.
2. Alvo de adoração do fã. Em tempo algum.
3. Recipiente de tinta. Calmo; tranquilo.
4. Frase de efeito. Abertura nas blusas.
5. Instrumento de sopro. Mercado ao ar livre.
6. Saudação de despedida. Mandioca (bras.).
7. Trabalho de doutorado. O sétimo dia da semana.
8. Pessoa; indivíduo. Artigo de jornal.
9. Local para banho a vapor. Vítima do sequestrador.

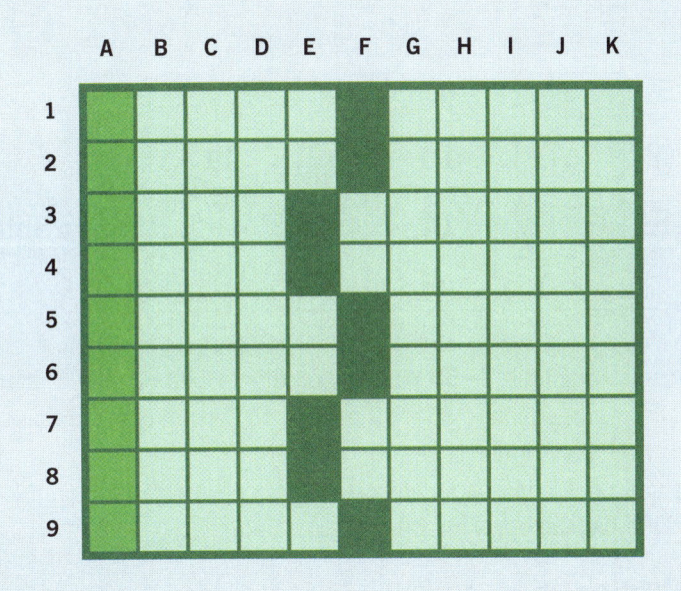

Frase célebre:
E6, K4, H2, C7 // F8, K1, C5, H5, J8, C3, A8, F7 // K9, B4, I2, E2, A9 // E6, D1, J4, A2, C7, G5, H9, J1, D5, K3, F7 // E6, I7, G8 // A9, D6, B1 // K6, G3, H6, C2, G9 // G1, I4, B8, J3, C6 // F4, D8 // A6, I6, E1, B7, D9, J7, J6, C1, E9, B2, K7.

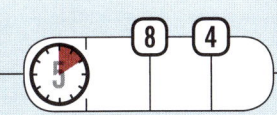

Avaliação diária

Dia 5

1	5 3 1	2	6 3 1	3	6 4 2	4	6 4 2
5	6 3 1	6	6 3 1	7	7 4 1	8	6 3 1
9	7 4 2	10	7 4 2	11	6 3 1	12	7 4 2
13	7 4 2	14	7 4 2			Total	

- Se você somou mais de **55** pontos, sua mente está na melhor forma!
- Se você conseguiu entre **33** e **55** pontos, obteve um resultado mediano. Adiante! Você segue num bom ritmo.
- Se a sua pontuação não chegou a **33**, você precisa melhorar. Não deve se render. Continue praticando. O importante é o treino.

Dia 6

Raciocinar com convicção

Agora que você praticou todos os elementos básicos do raciocínio, tem a chave não só para analisar a fundo qualquer texto ou discurso, como também para criá-los por conta própria, com solidez e poder de convicção. Se você se sente preparado, experimente os exercícios a seguir. Lembre-se de que pode retornar para consultar a sequência de passos básicos.

1 Entre parênteses

Escreva, entre os parênteses de cada item, duas letras que sirvam para terminar uma palavra que comece com as letras da esquerda e para começar outra palavra que termine com as letras da direita.

1. TA (* *) DO
2. JI (* *) LE
3. BO (* *) DO
4. LU (* *) PO

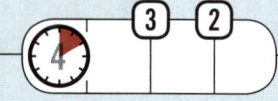

2 Combinações

Com uma série de letras, muitas palavras podem ser formadas trocando-as de maneira adequada e utilizando uma de cada vez. Por exemplo, se lhe disséssemos ALOPTSI (7 letras), seguramente você encontraria palavras de menos de 7 letras, como SI, ATO, PATO, ASILO e POSTAL, que já seria um bom treinamento, mas que palavra você consegue formar combinando todas as letras que lhe damos neste exercício?

ITAONMPUCE

3 Texturas

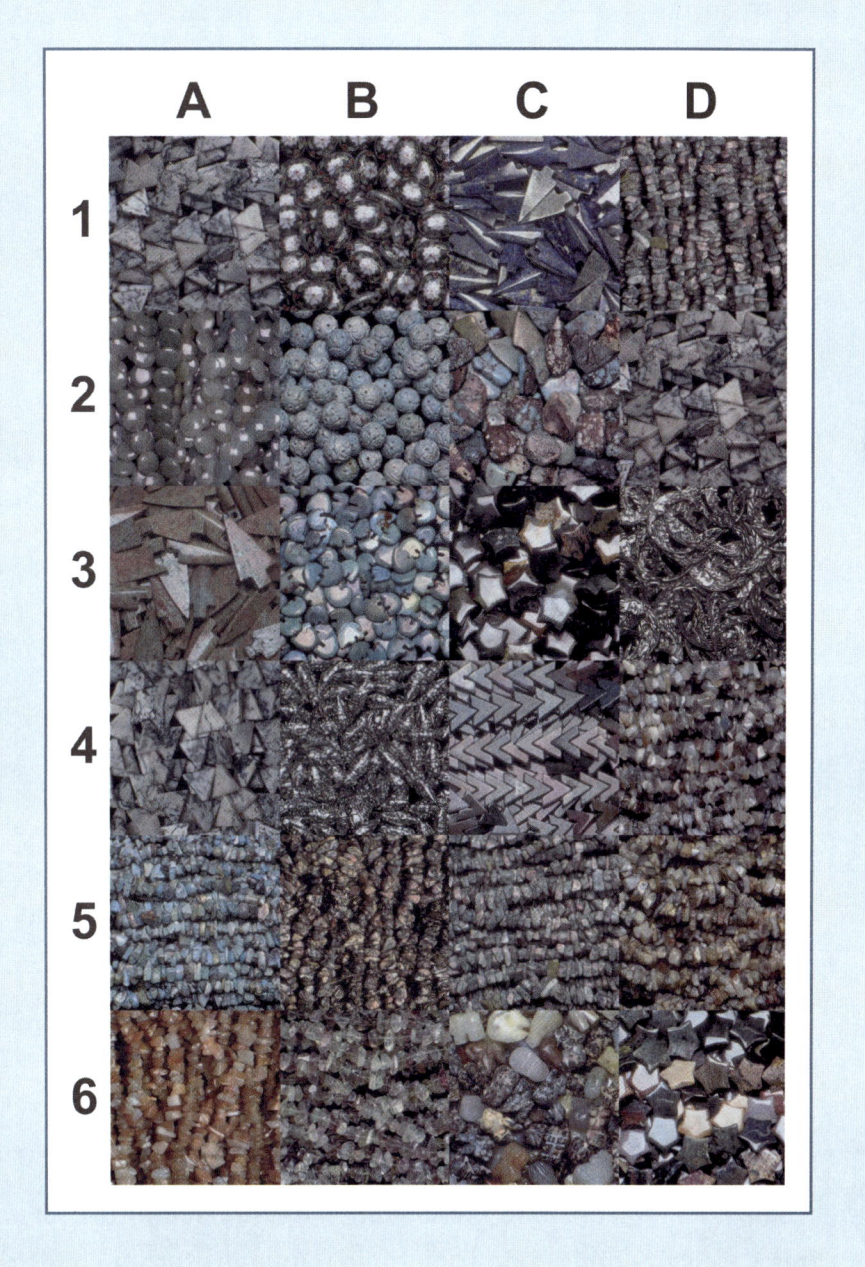

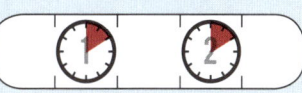

Nos conjuntos de miçangas que aparecem nesta imagem, há dois que se repetem. Um deles aparece duas vezes e o outro três. Você é capaz de identificá-los?

4 Jogada de xadrez

Diferentemente do jogo que apresentamos antes, agora você não tem que memorizar as peças do tabuleiro e sim empregar a lógica para averiguar como as brancas ganham em um único movimento.

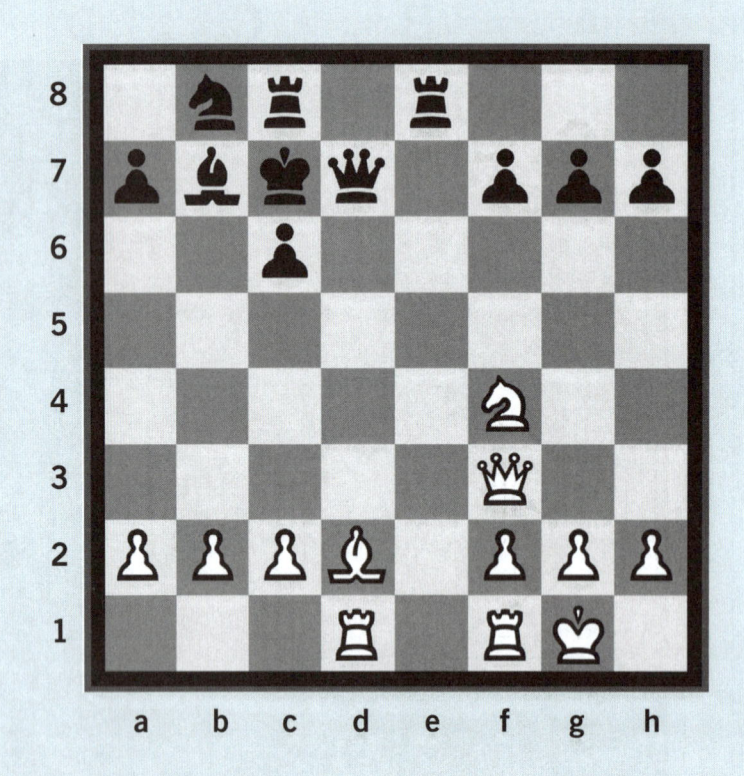

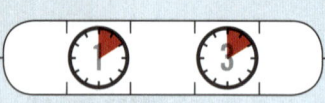

Procure na imprensa ao menos um artigo de seu interesse e faça uma análise completa do raciocínio (sua estrutura e solidez). Tenha em mente tudo o que aprendeu durante a semana.

5 Encadeadas

Neste tabuleiro, escondemos uma série de palavras que você deve descobrir. Cada letra faz parte de uma única palavra e os campos que a formam devem estar unidos entre si ao menos por uma de suas faces. Como dica, damos uma trama com cores diferentes para cada uma das palavras. O objetivo é encontrar 14 esportes.

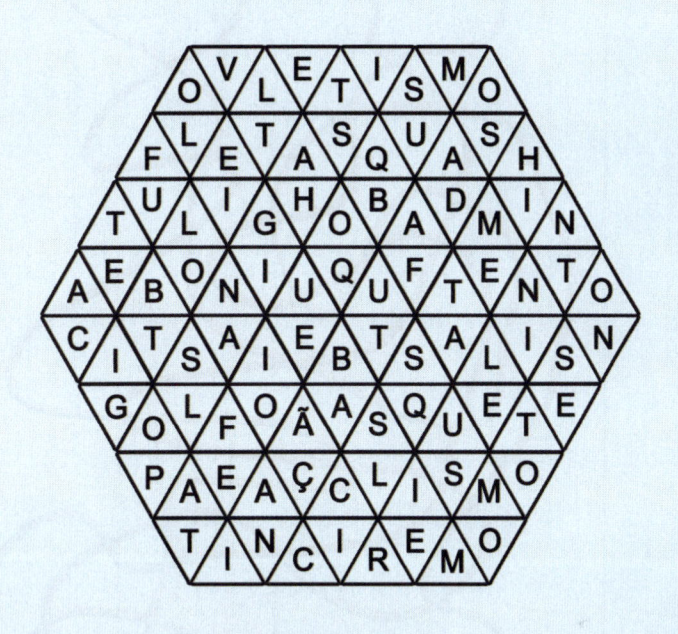

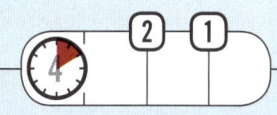

6. Xô, bagunça!

Siga mentalmente os caminhos diferentes e faça com que as letras correspondam aos números.

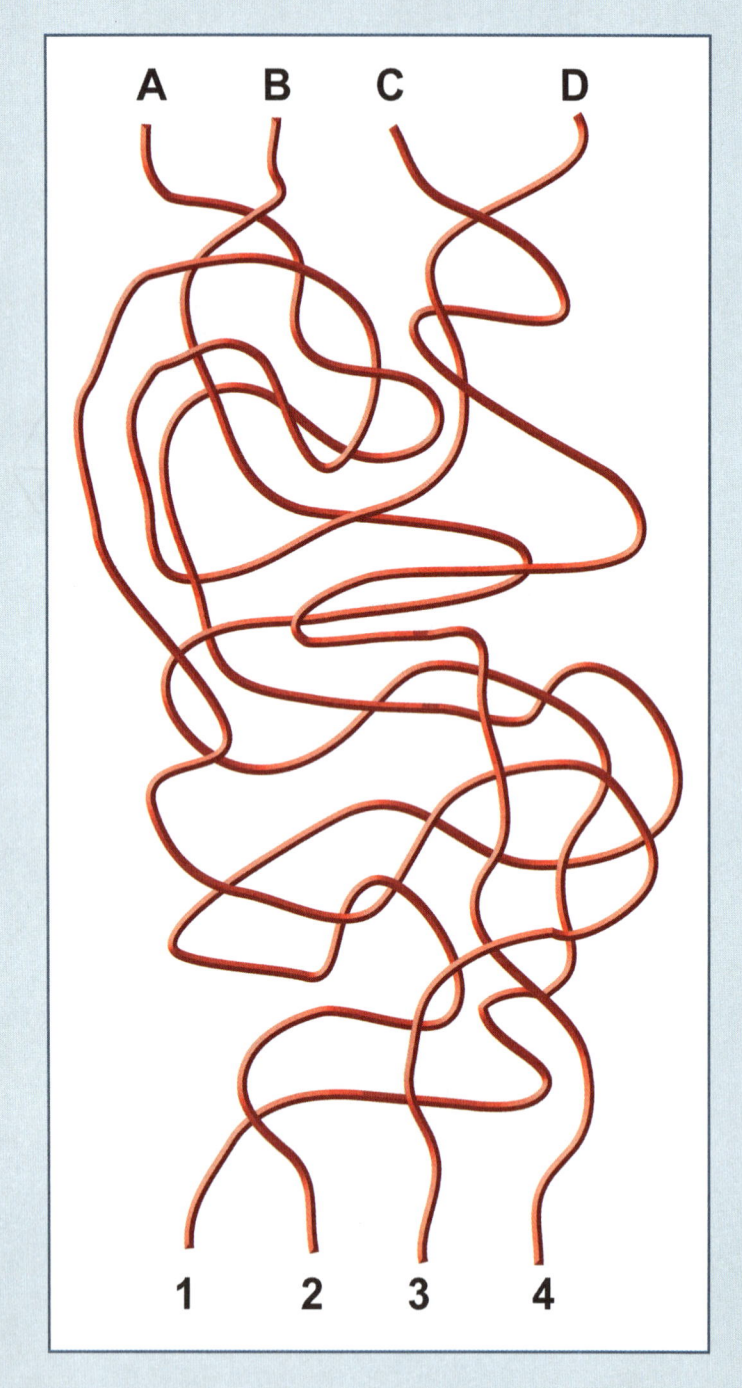

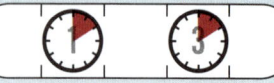

7 Dominox

Observe estes desenhos e estas palavras durante o tempo que for preciso. Depois, vire a página.

FOGO

MAR

VERDE

MAGO

TERRA

CARGA

ILUSÃO

COLA

Agora tente inserir, nesta cruzada, os 20 objetos e palavras de que você se recordar da página anterior.

S E R R O T E

8 O pagamento

5x3

O vovô Firmino tem um cofre há um ano e agora decidiu repartir o conteúdo entre os cinco netos: Jaime, Lúcia, Rubem, Paula e Luís. Quanto cada neto receberá, sabendo que todos ficarão com a mesma quantia?

9 Memorizar tabelas

Estude a tabela durante o tempo que for preciso, memorizando a informação de cada campo. Procure modelos e dicas e prepare-se para ser testado. Em seguida, cubra a tabela e responda às seis perguntas que desafiarão sua memória.

Triste	Alegre	Largo
Original	Ruivo	Esperto
Pobre	Obscuro	Rico

1. Que palavra se forma com as iniciais das palavras da primeira fila?
2. Que palavra se forma com as iniciais da fila do meio?
3. Que palavra se forma com as iniciais das palavras da última fila?
4. Que palavra se forma com as iniciais das palavras da primeira coluna?
5. Que palavra se forma com as iniciais das palavras da segunda coluna?
6. Que palavra se forma com as iniciais das palavras da terceira coluna?

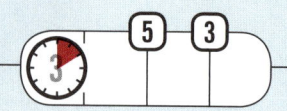

10 Batedeira de números

5x3

A partir dos números que há abaixo, à esquerda, você deve conseguir o número final (que se vê em destaque). Para isso, utilize as operações matemáticas básicas. Você deve usar todos os números, na ordem em que aparecem.

22 — 15 — 2 — 7 — 35 → **123**

11 Hieróglifo

Um dos motivos do inventário.

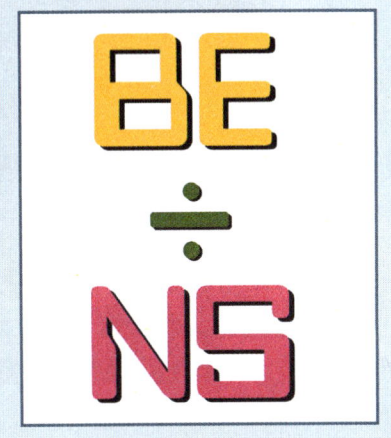

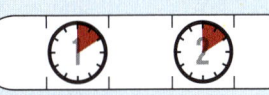

BE
÷
NS

Você poderia construir uma argumentação enganosa? Ou seja, ainda que ela tenha uma estrutura correta, a solidez dos argumentos não a sustenta.

12 Entorno científico

Neste exercício, você deve descobrir o nome popular e o nome científico do animal da fotografia. Para isso, damos uma imagem, o criptograma de suas letras (a letras iguais correspondem números iguais) e uma frase alusiva. Em torno da foto e começando pelo campo colorido, você deverá escrever o nome popular e, no quadriculado abaixo, anotar o nome científico. As letras que aparecem somente no nome científico já estão impressas.

Mensagem escrita com o mesmo código de correspondência de números e letras: 2, P, 4, 5, T, 2, D, 4, 5, 6, 2, É, M, 7, 4, T, O, C, O, 5, 6, E, C, 4, D, 2.

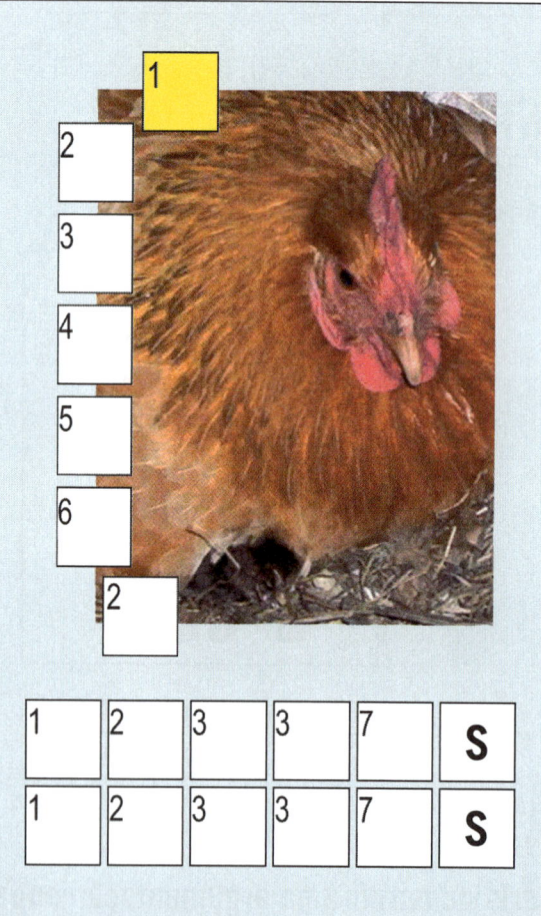

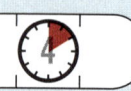

1	2	3	3	7	S
1	2	3	3	7	S

13 · O mapa e os escudos

Você é bom em geografia? Não se assuste, pois temos certeza de que você sabe mais do que imagina. Trate de recordar o que estudou na sua época escolar e poderá descobrir facilmente a solução do exercício proposto na página a seguir.

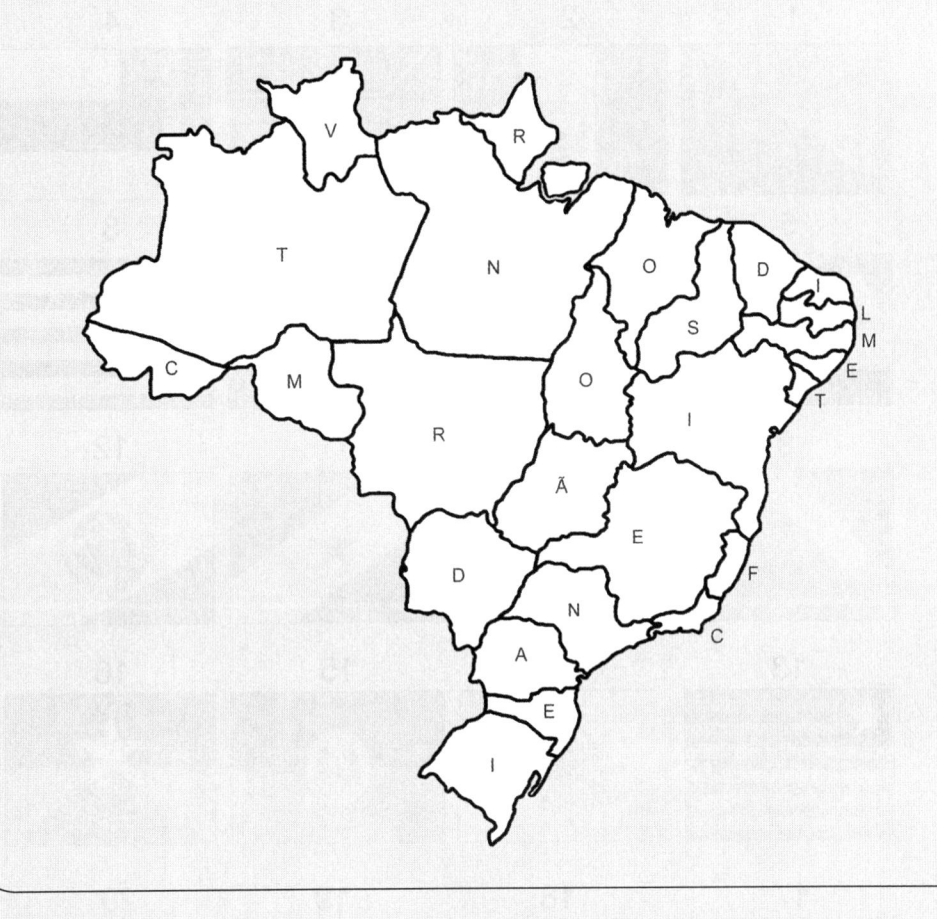

Pense no seu trabalho. Que melhora você gostaria de introduzir? Imagine que você tenha a oportunidade de apresentar ao chefe seus argumentos para isso. Estruture um raciocínio sólido tendo em mente todos os elementos. Se você não trabalha, imagine-se apresentando seus argumentos a alguém que pode mudar seu cotidiano.

Aqui, você tem as bandeiras de alguns estados brasileiros. Preste bastante atenção e, certamente, deduzirá a que estado pertence cada uma delas. Em seguida, localize cada um desses estados no mapa da página anterior e reúna as letras encontradas, de acordo com a numeração, para formar o nome de um importante documento.

1	2	3	4
5	6	7	8
9	10	11	12
13	14	15	16
17	18	19	20

4 — 15 — 7

14 Linhas

1. Quantos barcos distintos são?
2. Quantos barcos há no total?
3. Quantas velas tem o barco maior?

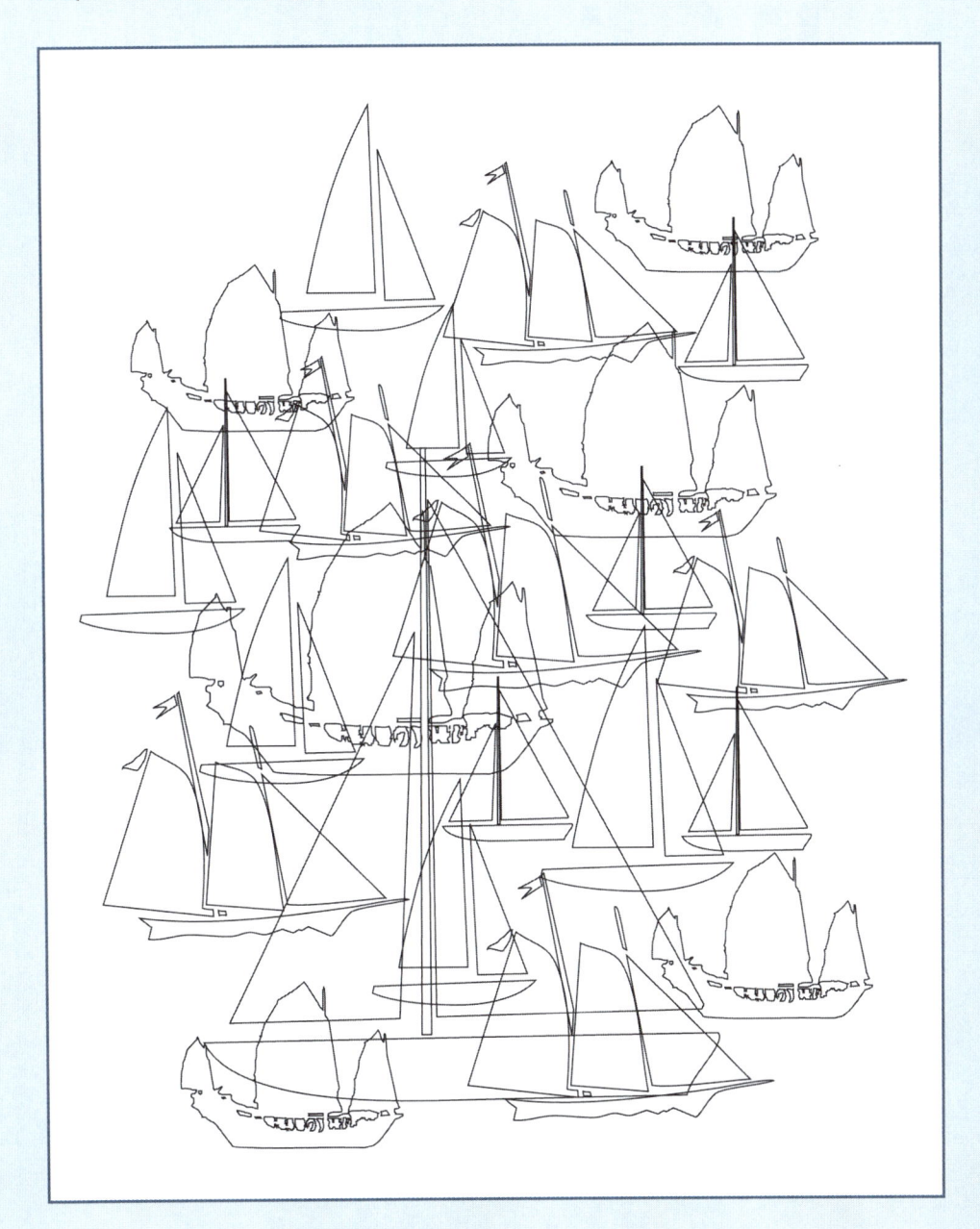

Avaliação diária

Dia 6

1	6 4 2	2	6 4 2	3	6 3 1	4	6 3 1
5	6 3 1	6	7 4 2	7	7 4 2	8	7 4 2
9	7 4 2	10	7 4 2	11	6 3 1	12	7 4 2
13	7 4 2	14	7 4 2			Total	

- Se você somou mais de **57** pontos, é fantástico! Dá para notar que você tem praticado muito.
- Se você conseguiu entre **35** e **57** pontos, obteve um resultado mediano. Sua mente está aberta. Com um pouco mais de treino, você pode chegar bem longe.
- Se a sua pontuação não chegou a **35**, você precisa melhorar. Não jogue a toalha. O esforço tem sempre sua recompensa.

Dia 7

Raciocinar sobre o raciocínio

Uma vez treinadas todas as habilidades que propusemos a você durante a semana, você se encontra em condições de monitorar o próprio fluxo de raciocínio. Tem a chave para analisar sua linha de argumentos quando raciocina, de modo que agora a tarefa consiste em pensar em sua maneira de raciocinar enquanto você faz isso. A dificuldade desta tarefa está no fato de ser preciso cumpri-la em tempo real.

1 Letras embaralhadas

Nesta bagunça, as palavras procuradas se encontram em campos contíguos na horizontal, vertical ou diagonal. Com a ajuda das duas dicas, encontre uma frase de três palavras (de 4, 2 e 5 letras) que não repita nenhuma letra.

A	N	S	T	O
E	M	I	D	A
R	P	O	N	R
E	S	B	R	E
D	U	A	V	I

Dica 1: Anagrama de O REMO DA VERA.
Dica 2: Dizem que não sobe a serra.

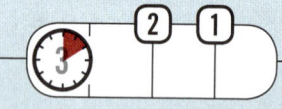

2 Palavra escondida

Para encontrar a resposta deste jogo de palavras, você tem que resolver o enigma secreto em algum lugar da frase a seguir. Leve em conta que as letras podem estar fora de ordem ou separadas.

EXEMPLO
De pouca altura, baixo (4) = alto. A definição contém, na ordem correta, as letras de uma palavra que tem o significado contrário à palavra definida. O número entre parênteses indica quantas letras tem a solução.

Que não tem calor. (6)

3 Dominó

5x3

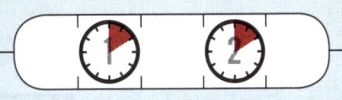

Neste jogo, você deve se concentrar nos dois conjuntos de fichas e, sem contá-las, marcar no quadrado abaixo qual dos dois tem mais pontos. Depois, pode contá-las para conferir se acertou ou consultar a solução.

4 Letras selecionadas

Qual é o critério de seleção destas 10 letras?

ZUDTQCSSON

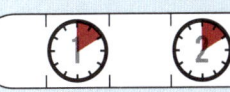

Um truque para pensar sobre o raciocínio é você se permitir pausas enquanto fala. Esses momentos são de grande valor para a reflexão.

5. Os escudos

A maneira como se dividem os escudos e o nome que recebem em função disso é o objetivo deste exercício. De um lado, você tem uma série de escudos identificados por uma letra e, de outro, seus nomes numerados. Faça com que correspondam e ordene as letras com os números de seus nomes para deduzir a palavra secreta.

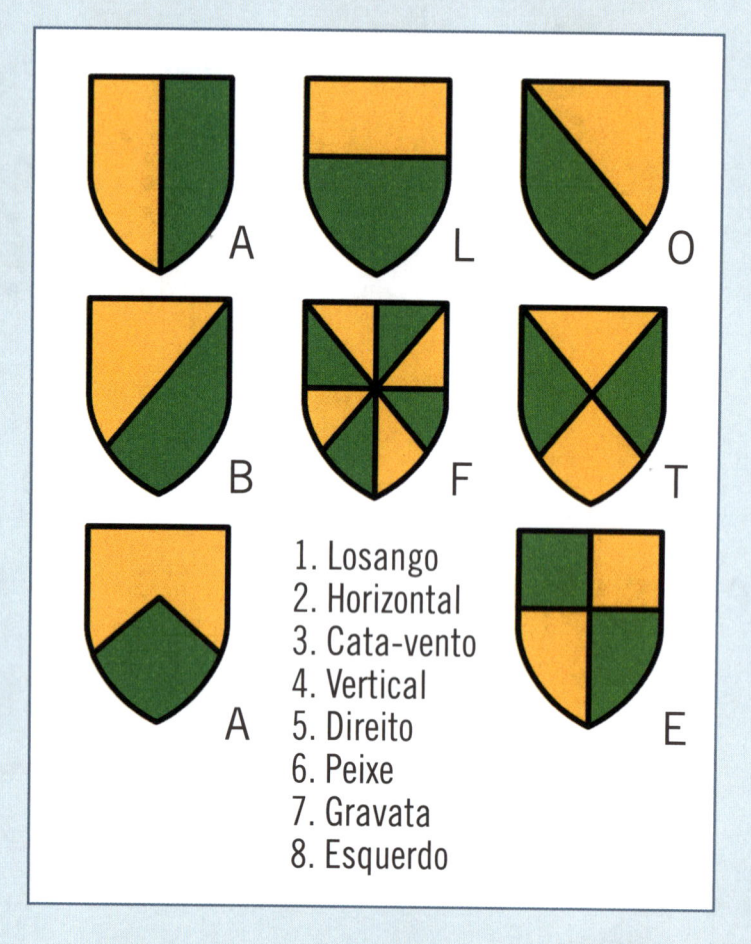

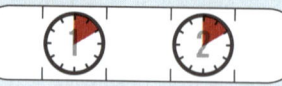

A L O
B F T

1. Losango
2. Horizontal
3. Cata-vento
4. Vertical
5. Direito
6. Peixe
7. Gravata
8. Esquerdo

A E

Detecte que tipo de argumento você está utilizando e observe que efeito ele produz em seu interlocutor. Como acha que acaba sendo mais convincente? Quando você tiver um diálogo, tente introduzir intencionalmente tipos de argumentos distintos.

6 Bilhar

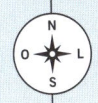

Nesta espécie de mesa de bilhar circular, pusemos várias bolas de cores diferentes. Imagine-se observando a jogada com o queixo apoiado na mesa. Deste modo, umas bolas encobrirão as outras. O objetivo do jogo é descobrir suas posições. Para isso, estabeleça a correspondência entre as letras e os números.

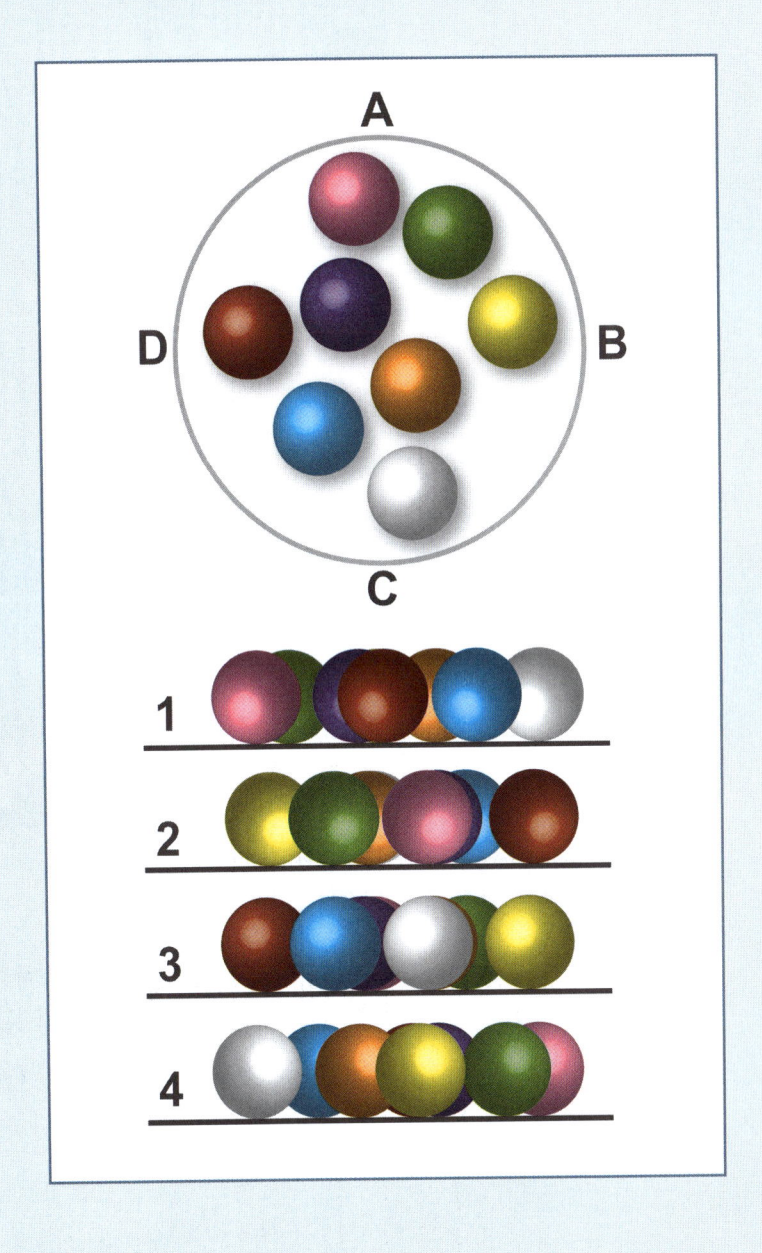

7 Construção

Na figura principal, encontra-se a construção feita com 16 peças de quatro cores. Abaixo, há seis construções, três das quais têm as mesmas peças que o modelo. Você sabe quais são?

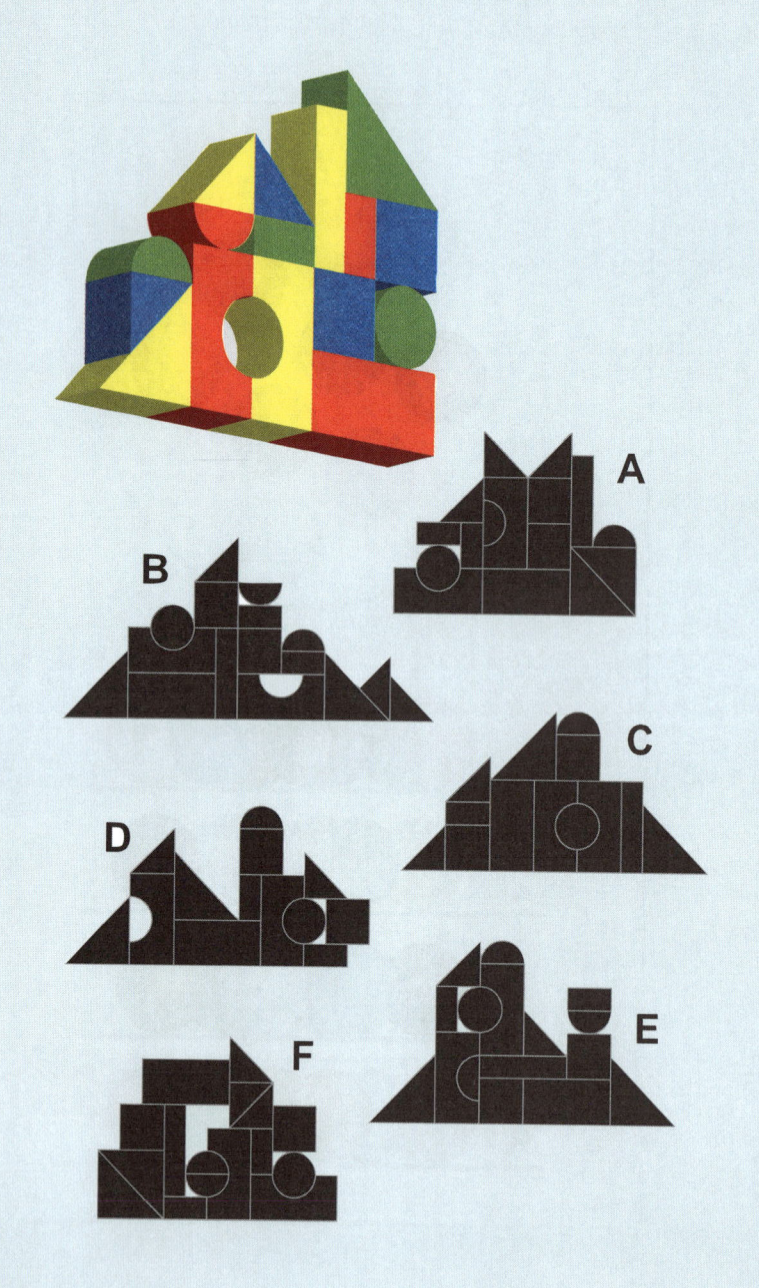

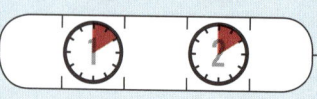

8 Numerox

Neste jogo, você deve inserir os números da lista nos espaços corretos do diagrama. Sua única dica é o número de dígitos.

4 dígitos
2381
9024

5 dígitos
31746
90624

6 dígitos
449272
513961
562915
631500
787394
980738

7 dígitos
1046318
1167008
1224380
1407758
2896091
3208714
4265061
6153428
7239217
9429103

8 dígitos
13849127
19971163
27303752
54212687
67610857
88198089

9 dígitos
105320916
192910451

10 dígitos
1801437242
9016938342

9. Caça-palavra

Encontre, neste pinheiro, as dezoito árvores da seguinte lista:

ABACATEIRO	BAOBÁ	EUCALIPTO
ABIU	BURITI	FLAMBOYANT
ACÁCIA	CAJUEIRO	HIBISCO
AMENDOEIRA	CARVALHO	JACARANDÁ
ARAUCÁRIA	CEDRO	MACIEIRA
AROEIRA	CEREJEIRA	PINHEIRO

```
                B
              N T A
            E N B O O
          F T A C K T B
        K R L S C W S R A
          I A E A C
        B N C M D C E
      I E H P E B K I R
    H Y T J I J D O W A J
      A Z N A Y R Y
    E M K H C T C O A
  R U E M E A V A C F N
G F C N A I R A R A A I T
    A D C R A R V J R
  H L O I O N O A U A B
T T I E E T D E L E U U W
T V S P I I S A I H I C R U X
  I T R R X S R O R A I
  D N O A A N R A S O R T N
F F A R I E J E R E C I I V F
Y O R I E T A C A B A I A U I B A
              B V U
              U T M
              S H R
```

10 Viagem de fim de curso

5x3

Quando Pedro planejou sua viagem de fim de curso com os colegas, não levou em conta a questão do almoço. Por sorte, no hotel havia uma pequena cafeteria cujos preços não estavam pelas nuvens. Preste atenção nos produtos que a ilustração abaixo mostra e em seus preços. Em seguida, responda à pergunta.

	2ª feira	3ª feira	4ª feira	5ª feira	6ª feira
Café da manhã	0,85				
Almoço					
Jantar					

A. hambúrguer
B. cachorro-quente
C. café com donuts
D. ovos com bacon
E. biscoitos com chocolate
F. pipoca com bebida
G. batata frita
H. limonada
I. sanduíche
J. maçã
K. bananas
L. pizza

R$ 1,35
R$ 1,00
R$ 3,15
R$ 2,50
R$ 2,75
R$ 3,00
R$ 2,15
R$ 0,50
R$ 0,85
R$ 2,80
R$ 0,75
R$ 2,25

Você seria capaz de deduzir como Pedro sobreviveu durante 5 dias gastando exatamente 35 reais, sem repetir nenhum alimento no dia, consumindo todos os produtos e tomando duas limonadas por dia?

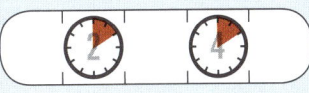

11 Caras

Nas ilustrações abaixo, temos quatro personagens. Preste atenção em todos os detalhes: penteado, formato do rosto, semblante etc. Depois de estudá-los durante cerca de 1 minuto, cubra-os com uma folha, passe para a página seguinte e responda às perguntas.

Personagem 1

Personagem 2

Personagem 3

Personagem 4

Mantenha uma imagem visual da representação gráfica do raciocínio que você está pondo em prática e planeje como introduzir cada um dos argumentos. Faça um teste hoje começando um debate com um conhecido. Se você conseguir fazê-lo com desembaraço é porque alcançou um nível alto nesta semana. Parabéns!

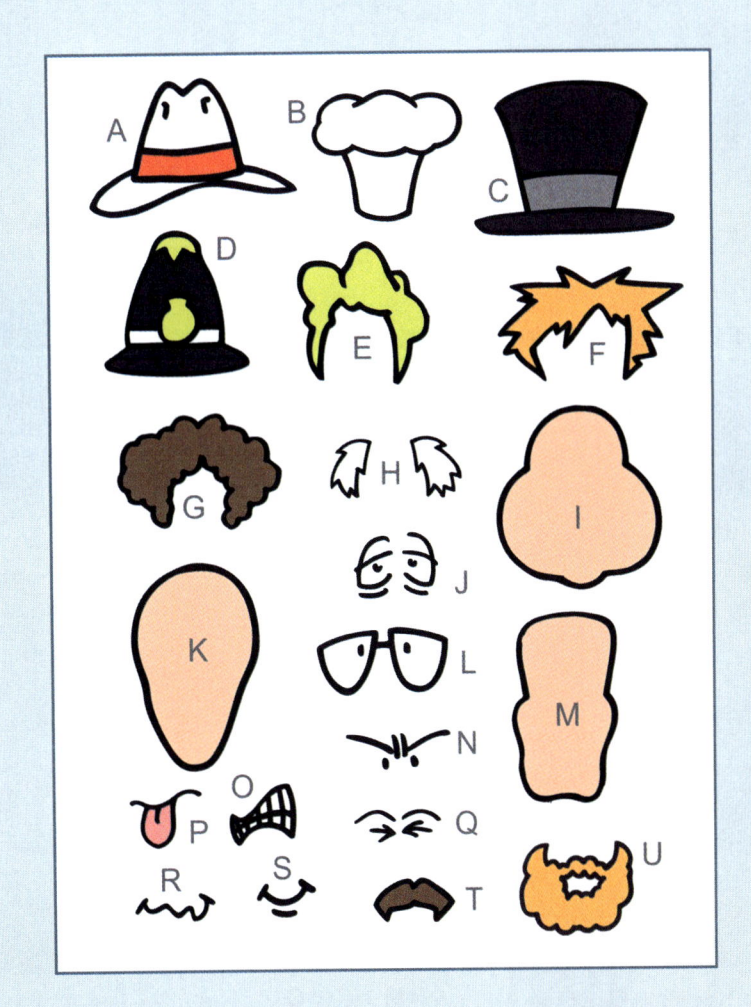

Você consegue pôr nos quadros as letras dos elementos que caracterizam cada um dos personagens? Quais são os elementos que não pertencem a nenhum deles?

Personagem 1	Personagem 2

Personagem 3	Personagem 4

12 Anagramas

Anagrama é uma palavra ou frase desordenada com o objetivo de criar outra. No jogo a seguir, você deve descobrir quatro palavras relacionadas ao universo infantil.

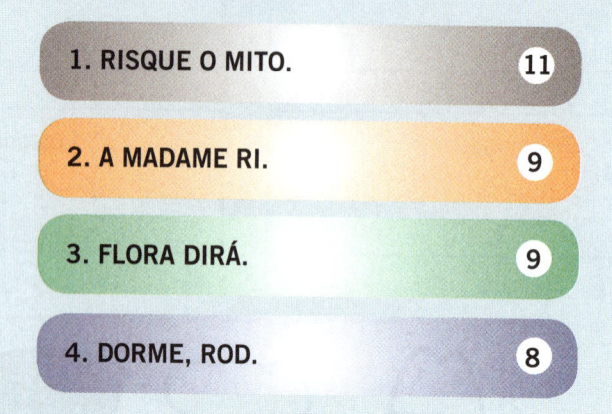

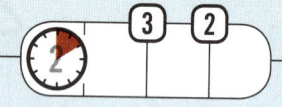

1. RISQUE O MITO.   11
2. A MADAME RI.   9
3. FLORA DIRÁ.   9
4. DORME, ROD.   8

3 2

13 Primeira e última letras

Às vezes, conhecemos as palavras e sabemos seu significado, mas nos falta o "estalo" para descobri-las. Neste exercício, todas as palavras pertencem ao mesmo tema e, depois de descobri-lo, você não terá dificuldades para encontrá-las.

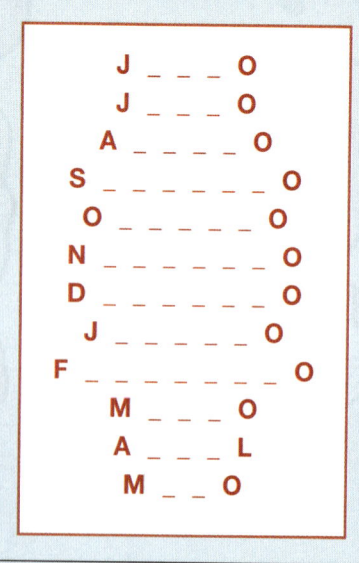

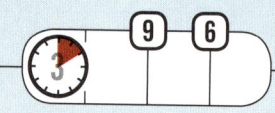

J _ _ _ O
J _ _ _ O
A _ _ _ _ _ O
S _ _ _ _ _ O
O _ _ _ _ _ O
N _ _ _ _ _ O
D _ _ _ _ _ O
J _ _ _ _ O
F _ _ _ _ _ _ O
M _ _ O
A _ _ _ L
M _ _ O

9 6

14 Associar palavras

Estude estes doze pares de palavras durante 10 minutos. Quando você achar que já memorizou todos eles, cubra a lista com uma folha e insira nos campos abaixo a mesma letra ou número nas duas palavras de cada par com a finalidade de recompor os doze pares originais.

batom	maquinista	tampa	cavalo
carruagem	corda	batente	paralelepípedo
fotografia	jogo de mesa	erva	brinco
telefone	marca-texto	sapato	miçanga
garrafa	bolsa	caixa	impressora
lata	maleta	arquivo	pinça

☐ maleta   ☐ jogo de mesa   ☐ batente
☐ fotografia   ☐ garrafa   ☐ corda
☐ sapato   ☐ lata   ☐ carruagem
☐ arquivo   ☐ batom   ☐ erva
☐ caixa   ☐ pinça   ☐ miçanga
☐ marca-texto   ☐ paralelepípedo ☐ maquinista
☐ telefone   ☐ bolsa   ☐ cavalo
☐ impressora   ☐ brinco   ☐ tampa

Dica: se você criar associações entre as palavras, será mais fácil recordá-las.

Avaliação diária

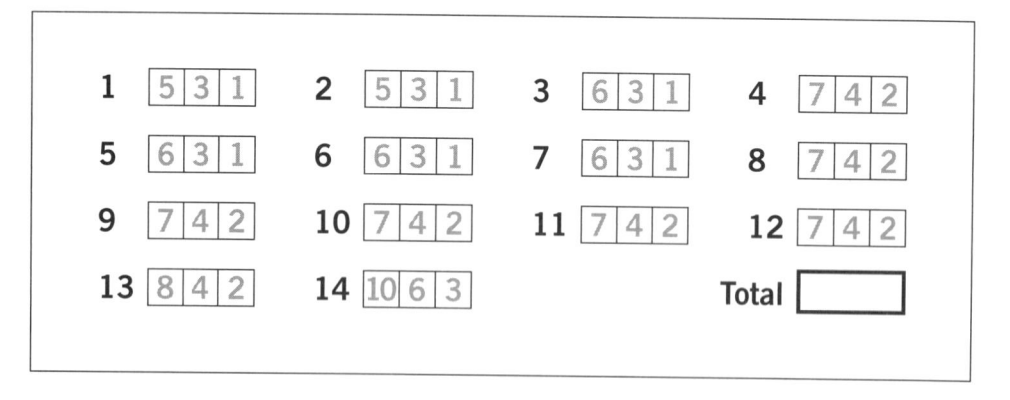

Dia 7

1 [5][3][1]	2 [5][3][1]	3 [6][3][1]	4 [7][4][2]
5 [6][3][1]	6 [6][3][1]	7 [6][3][1]	8 [7][4][2]
9 [7][4][2]	10 [7][4][2]	11 [7][4][2]	12 [7][4][2]
13 [8][4][2]	14 [10][6][3]	Total [ ]	

- Se você somou mais de **59** pontos, você é um ás! Chegou ao fim da semana em plena forma.
- Se você conseguiu entre **35** e **59** pontos, obteve um resultado mediano. Lembre-se de que, quanto mais treinar, mais rápido se tornará.
- Se a sua pontuação não chegou a **35**, você precisa melhorar. Na próxima semana, você terá mais oportunidades de se testar.

Avaliação semanal

Semana 3

Dia 1 ☐
Dia 2 ☐
Dia 3 ☐
Dia 4 ☐
Dia 5 ☐
Dia 6 ☐
Dia 7 ☐

Total da Semana ☐

- Se você conseguiu mais de **450** pontos, parabéns! Seu cérebro está a todo vapor. Continue assim!
- Se você conseguiu entre **150** e **450** pontos, pode ficar satisfeito. Para melhorar, repita os jogos em que obteve os piores resultados. Ânimo!
- Se a sua pontuação foi inferior a **150**, você precisa melhorar. O importante é treinar. Volte a jogar e verá melhoras.

Soluções

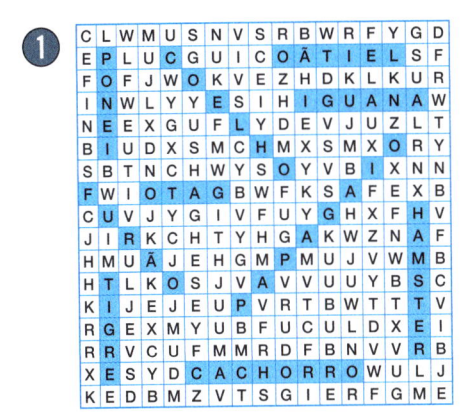

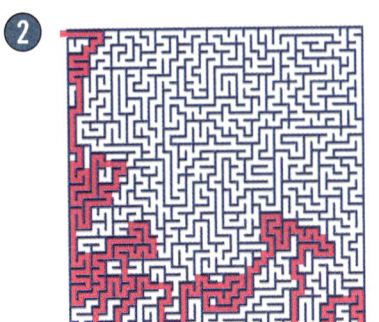

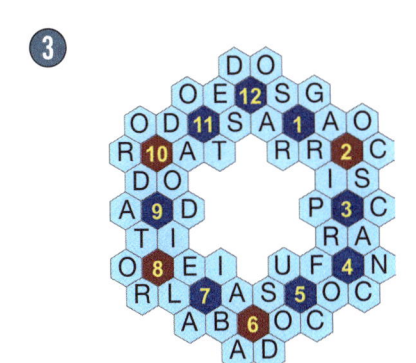

Dia 1

1) [word search grid]

2) [maze]

3) [hexagonal puzzle]

4) São todas as que têm uma simetria horizontal. Veja: C D E H I O X

5) Camisa, paletó, suéter e colete. Casaco.

6) Videoclipe.

7) Armadura.

8) Em boca fechada não entra mosca.

9)
1. Grécia;
2. Letônia;
3. Portugal;
4. Albânia;
5. Holanda.

10) Quem ama o feio, bonito lhe parece.

103

11 ● Curitiba
● Macapá

	C	M	R	M	C	T	P	B	S
I									
P									
I									
A									
A									
I									
A									
A									
B									
U									

12 2h40.

13 Gato.

14 ●:0; ●:1; ●:2; ●:3;
●:4; ●:6; ●:8; ●:9.

Dia 2

1 Salvador Dalí; Pablo Picasso; Joan Miró; Juan Gris; Benjamín Palencia.

2 A letra S. As letras estão agrupadas de R a Z.

3 25-31.

4 Devagar se vai ao longe.

5 12 − 7 = 5; 5 x 4 = 20; 20 + 20 = 40; 40 − 8 = 32.

6 1. Saci. Anel.
2. Aula. Remar.
3. Unha. Lupa.
4. Dado. Saber.
5. Açaí. Reto.
6. Data. Março.
7. Erro. Onda.
O acróstico é saudade.

7

	R		A		I		S
R	E	S	T	A	N	T	E
	P	A	R	E	C	E	R
G	O	L	A		O	L	E
	R		S	E	M	E	N
S	T	A		N	O	V	O
C	A	S	A		D	I	
	G		B	R	A	S	A
	E	S	C	U	R	O	S
T/I	M	I	D	A		R	A

8 Ônibus.

9 Casta.

10 [letter puzzle diagram]

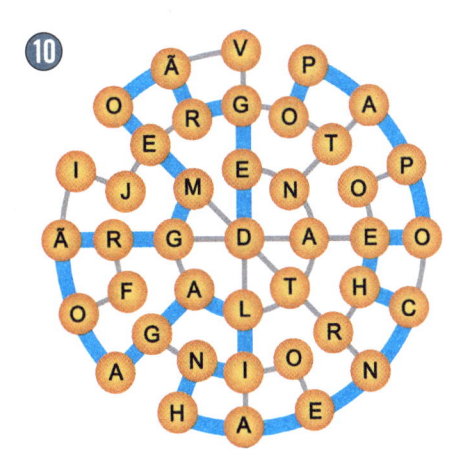

11 Q e H: a lista de letras corresponde ao título do livro "Dom Quixote de la Mancha", de Miguel de Cervantes, começando de cima para baixo e da esquerda para a direita pela letra D, em seguida pela O etc.

12 1. São-bernardo
2. Pastor-alemão.
3. Chihuahua.
4. Dálmata.
5. Mastim.

13 a4-c6 Mate.

14 Barcelona.

Dia 3

1 Alec Guinness; Anthony Quinn; Omar Sharif; Peter O'Toole.

2 1 + 2 = cacho; 1 + 4 = cara; 2 + 4 = chora; 3 + 4 = eira; 1 + 2 + 3 + 4 = cachoeira.

3 73,00.

4 Sol.

5 18 9 10
      9
      6
      10
      12

6 Universalmente.

7 1. Dólar.
2. Recado.
3. Dominó.
4. Noite.
5. Elite.
6. Teclado.

8 B
A, J, G, L, K, F, C, H, I, E, D, B.

10 Rota.

11 Faltam 10 cubos.

12 Ararajuba.

⑬ [grid puzzle]

⑭
2	3	2	4	0	5	5	6
3	3	6	4	1	1	5	5
6	6	0	0	6	3	4	5
6	0	4	2	0	4	2	5
1	5	6	3	4	4	4	2
2	0	2	2	5	3	1	1
0	3	1	6	1	1	0	3

Dia 4

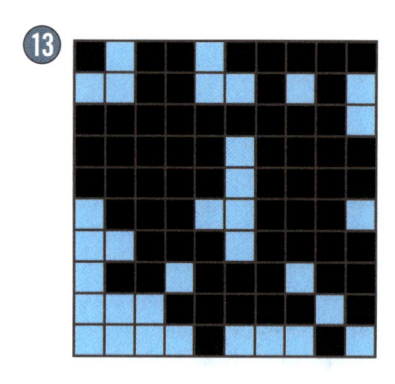

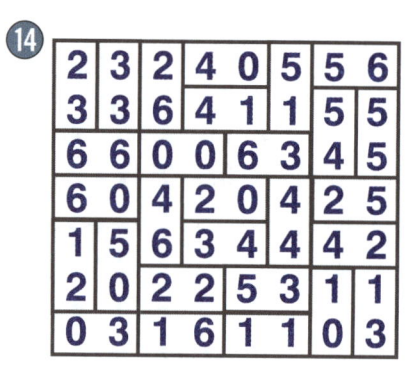

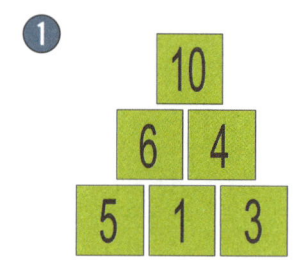

①
```
      10
    6    4
  5   1   3
```

② A mentira tem pernas curtas.

③
```
        F H B I J C G
        K Z T V E R D E E P G
        C I N Z A X U S G B R U L
        K C I H M D P R E T O A K R E
        D O U R A D O L B F B L T H U U M J
      C V Z C T L A L A J A Y K E R O X O A
      I Z E W J N Z H R N M G F A U W C S U
      B D S R G S U Z A N A W H D F U O C U
      V R J Z M U L M N C R B R O M R N T
      U Z A M B E B N J Y E H N M D T S
        N N J E L I A A L R   G L
        B N C H W H C W O B   X
        K G O R C O G R J W V D Z
          J C T C C A R M E S I M V
            C H R Y G F M B Z F Y
              F D M O R R A M U F
                Z G N B H R F
```

④ A letra C. Todas as demais fecham uma área em seu interior.

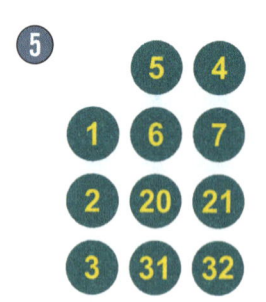

⑤
```
       5   4
   1   6   7
   2  20  21
   3  31  32
```
Esta é uma das soluções possíveis.

⑥
1. Dolores
2. Amanda
3. Nívea
4. Isabel
5. Elisa
6. Laura

O nome de homem é Daniel.

⑦ Falta a terceira da primeira fila e foi acrescentada a segunda da segunda fila.

8

	Q	U	A	N	D	O	U	M
M								N
A								Ã
G								O
I								Q
R								U
B								E
O	Y	N	S	I	O	D	R	

9 Ordem inversa segundo a área do país. (Israel/ Portugal/ Grécia/ Alemanha/ Japão/ Suécia/ Espanha/ França/ Turquia/ Colômbia/ Argentina/ Nova Zelândia/ Brasil/ China/ Canadá/ Rússia)

10 Gaita (gata e no meio a letra i).

11 Cenoura.

12 Agatha Christie: Agatha Marie Clarissa Miller
Bill Clinton: William Jefferson Blythe III
Bono Vox: Paul David Hewson
Brad Pitt: William Bradley
Bruce Willis: Walter Willison
Bruno Mars: Peter Gene Hernandez
Cazuza: Agenor de Miranda Araújo Neto
Demi Moore: Demetria Gene Guynes
Dira Paes: Ecleidira Maria
Elton John: Reginald Kenneth Dwight
Fernanda Montenegro: Arlette Pinheiro Esteves da Silva
Freddie Mercury: Farrokh Bulsara
Glória Menezes: Nilcedes Soares Guimarães
Lima Duarte: Ariclenes Venâncio Martins
Madre Teresa de Calcutá: Agnes Gonxha Bojaxhiu
Marilyn Monroe: Norma Jean Baker
Muhammad Ali: Cassius Marcellus Clay Jr.
Nostradamus: Michel de Nostredame
Pablo Neruda: Neftalí Reyes Basoalto
Pelé: Edson Arantes do Nascimento
Ricky Martin: Enrique Morales
Silvio Santos: Senor Abravanel
Tom Cruise: Thomas Mapother IV
Tony Ramos: Antônio de Carvalho Barbosa
Whoopi Goldberg: Caryn Johnson
Woody Allen: Allen Stewart Königsberg
Xororó: Durval de Lima
Xuxa: Maria das Graças Meneghel
Zeca Pagodinho: Jessé Gomes da Silva Filho

13
1. E (Índia)
2. D (Peru)
3. G (Itália)
4. A (Brasil)
5. C (China)
6. B (Jordânia)
7. F (México)

14 Richard Nixon

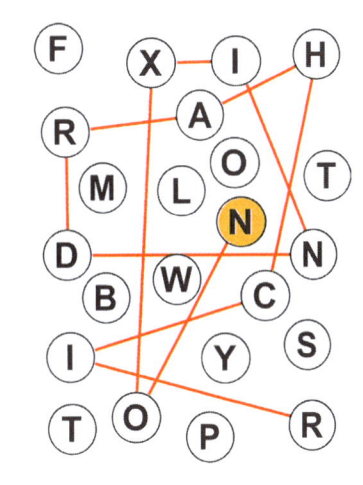

107

Dia 5

1 1. Ré. / 2. Are. / 3. Erra. / 4. Arder.

2 17 de outubro de 1792. Todas se encontram ordenadas a partir da que está em cima, que é a de data mais antiga, até a que está abaixo, que é a que traz a data mais recente.

3 José Ferrer; Nicole Kidman; Angelina Jolie; Jack Hawkins.

4 Eram corridas de natação. Ganha o primeiro que toca o ponto de chegada, mas não se cruza linha alguma.

5 Deus ajuda a quem cedo madruga.

6 Caixa-forte.

7 F:0; E:1; B:3; D:4; A:5; H:6; G:7; C:8.

8 Dois homens e um destino.

9 A2; B3; C1; D4.

10 Fila 1: Q♥, Q♠, 5♠, Q♣, Q♦
Fila 2: 6♥, 10♦, 6♠, 10♣, 6♦
Fila 3: 2♥, 1♥, 9♠, 9♣, 2♦
Fila 4: 7♥, J♦, 7♣, J♣, 7♦
Fila 5: 8♥, K♠, 8♠, K♣, 8♦

11 45.

12 Cobre.

13 Barco à vela.

14 "Seus clientes menos satisfeitos são sua maior fonte de aprendizado." (Bill Gates)

B	A	Z	A	R		F	Á	C	I	L
I	D	O	L	O		N	U	N	C	A
L	A	T	A		P	A	C	A	T	O
L	E	M	A		D	E	C	O	T	E
G	A	I	T	A		F	E	I	R	A
A	D	E	U	S		A	I	P	I	M
T	E	S	E		S	A	B	A	D	O
E	N	T	E		C	O	L	U	N	A
S	A	U	N	A		R	E	F	E	M

Dia 6

1
1. Tatu/ tudo.
2. Jipe/pele.
3. Bolo/ lodo.
4. Luto/ topo.
Esta é uma das possíveis soluções.

2 Pneumático.

3 C-5 = D-1; A-1 = D-2 = A-4.

4 Bispo para a5.

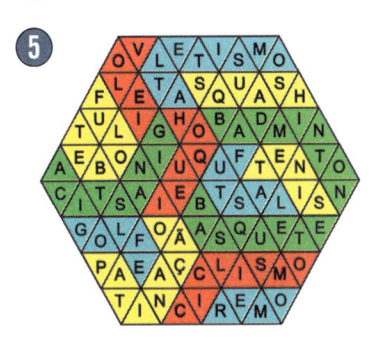

5

6 A2, B1, C4, D3.

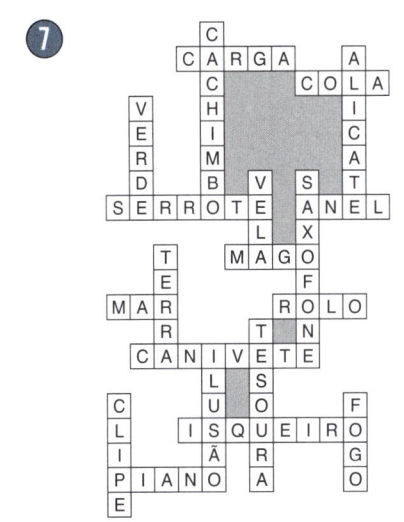

7

8 Cada neto receberá 13 reais e 55 centavos.

9
1. Tal.
2. Ore.
3. Por.
4. Top.
5. Aro.
6. Ler.

10 15 x 22 = 330; 330/2 = 165; 165 – 7 = 158; 158 – 35 = 123.

11 Divisão de bens.

12 Galinha. *Gallus gallus*.
A Pintadinha é muito conhecida.

13
1. Acre (letra C).
2. Alagoas (letra E).
3. Amapá (letra R).
4. Amazonas (letra T).
5. Bahia (letra I).
6. Ceará (letra D).
7. Goiás (letra Ã).
8. Maranhão (letra O).
9. Mato Grosso do Sul (letra D).
10. Minas Gerais (letra E).
11. Pará (letra N).
12. Paraná (letra A).
13. Piauí (letra S).
14. Rio de Janeiro (letra C).
15. Rio Grande do Sul (letra I).
16. Rondônia (letra M).
17. Santa Catarina (letra E).
18. São Paulo (letra N).
19. Sergipe (letra T).
20. Tocantins (letra O).
Palavra oculta: Certidão de Nascimento

14 1.4; 2.24; 3.2.

Dia 7

1 Amor de verão.

2 Quente.

3 31-34.

4 São as iniciais dos dez dígitos (zero, um, dois... até nove).

5
1. Losango (letra A).
2. Horizontal (letra L).
3. Cata-vento (letra F).
4. Vertical (letra A).
5. Direito (letra B).
6. Peixe (letra E).
7. Gravata (letra T).
8. Esquerdo (letra O).
Palavra secreta: alfabeto.

6 A-2; B-4; C-3; D-1.

7 A, B e F.

8

5	4	2	7		1		9	2	5
1	0	4	6	3	1	8	3	2	0	8	7	1	4
3		9		8		7	8		1		3		2
9	4	2	9	1	0	3	4	2	6	5	0	6	1
6		7				9	9		9		3		2
1	9	2	9	1	0	4	5	1		3	1	7	4	6
				8				2		8		5		8
1	1	6	7	0	0	8		7	2	3	9	2	1	7
9		7		1		8				4
9	0	6	2	4		1	0	5	3	2	0	9	1	6
7		1		3		9	6				8		3
1	4	0	7	7	5	8	2	8	9	6	0	9	1
1		8		2		0	9		0		7		5
6	1	5	3	4	2	8	1	2	2	4	3	8	0
3		7		2		9	5		4		8		0

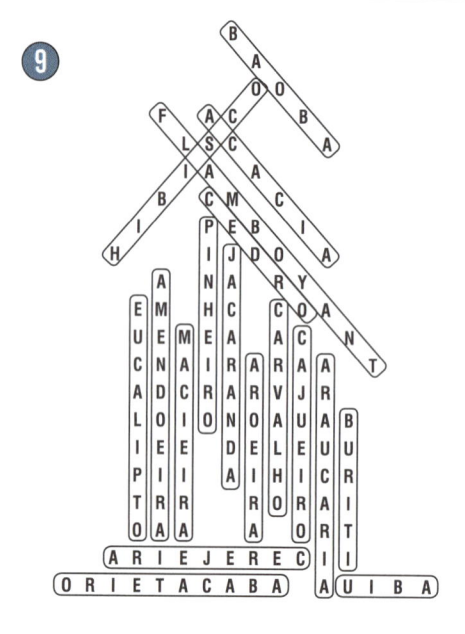

9 (caça-palavras)

10 Uma possível solução seria esta:

segunda-feira
café da manhã:
R$ 0,85 biscoitos com chocolate
almoço:
R$ 2,80 pizza
jantar:
R$ 0,75 bananas
bebidas:
R$ 2,2 limonadas

terça-feira
café da manhã:
R$ 2,25 café com donuts
almoço:
R$ 2,15 sanduíche
jantar:
R$ 0,50 maçã
bebidas:
R$ 2,2 limonadas

quarta-feira
café da manhã:
R$ 0,85 biscoitos com chocolate
almoço:
R$ 3,15 hambúrguer
jantar:
R$ 1,35 pipoca com bebida
bebidas: R$ 2,2 limonadas

quinta-feira
café da manhã:
R$ 0,85 biscoitos com chocolate
almoço:
R$ 2,75 cachorro-quente
jantar:
R$ 0,50 maçã
bebidas:
R$ 2,2 limonadas

sexta-feira
café da manhã:
R$ 3 ovos com bacon
almoço:
R$ 2,50 batata frita
jantar:
R$ 0,75 bananas
bebidas:
R$ 2,2 limonadas

11 personagem 1: E, M, Q e O.
personagem 2: B, H, I, L e R.
personagem 3: C, F, I, J e U.
personagem 4: A, G, K, N e T.
Não são utilizados: D, P e S.

12 1. Mosquiteiro.
2. Mamadeira.
3. Fraldário.
4. Mordedor.

13 São os meses do ano,
mas começando por junho.

Título Original: Entrena tu mente
Autor: Imaginarte Juegos S.L.

Copyright © 2015 RBA Coleccionables S.A.

Copyright da tradução
© 2015 by Ediouro Publicações Ltda.

Coordenação editorial: Daniel Stycer
Edição: Lívia Barbosa, Daniela Mesquita e Dalva Corrêa
Tradução: Liame Associação de Apoio à Cultura

Todas as marcas contidas nesta publicação e os direitos autorais incidentes são reservados e protegidos pelas Leis n.º 9.279/96 e n.º 9.610/98. É proibida a reprodução total ou parcial, por quaisquer meios, sem autorização prévia, por escrito, da editora.

Ediouro Publicações Ltda.
Rua Nova Jerusalém, 345 – CEP 21042-235
Rio de Janeiro – RJ
Tel.: (21) 3882-8200 / Fax: (21) 2290-7185
e-mail: coquetel@ediouro.com.br
www.coquetel.com.br